KOKOLOGIE

Tadahiko Nagao
Isamu Saito

KOKOLOGIE

Le jeu de la découverte de soi

Traduit de l'anglais (États-Unis)
par Jennie Dorny

Illustrations de Arno Denis

Petite Bibliothèque Payot

Retrouvez l'ensemble des parutions
des Éditions Payot & Rivages sur
www.payot-rivages.fr

Kokologie : n. f. [du japonais *kokoro*, « esprit, sentiments », et du grec *-logia*, « étude de »]. 1) Série de jeux de psychologie utilisés pour dévoiler les traits de caractère émotionnels et comportementaux. 2) Terme populaire désignant l'interprétation des sens cachés du comportement des êtres humains et leurs réponses en situation. – Kokologue, n. f. et n. m. – Kokologique, adj. – Kokologiser, v.

L'ÉQUIPE DU PROJET KOKOLOGIE

Producteur exécutif :
Hisataka Saito

Producteurs généraux :
Tadahiko Nagao
Takanori Ikeda

Membres de l'équipe :
Shinichi Iwata
Daisuke Shidara

Collaborateur :
Keiko Higashiomori

Remerciements à :
Toshihide Ochiai
Takeshi Itch

Superviseur :
Isamu Saito

UN MOT DU PROFESSEUR SAITO

Les yeux de l'esprit scrutent dans deux directions. Un œil est tourné vers le monde extérieur, réunissant des renseignements sur notre environnement et sur notre entourage. L'autre œil regarde vers l'intérieur et observe le monde caché de notre moi intime. Vous vous servez de cet œil-là pour savoir comment fonctionne votre propre esprit, pour vous demander à quoi les autres pourraient bien être en train de penser, pour songer à l'avenir et pour prédire le genre de personne que vous deviendrez peut-être un jour.

La plupart des médias, que ce soit les livres, les journaux, la radio ou la télévision, ont été développés afin d'aider les gens à connaître et à comprendre le monde extérieur. L'explosion médiatique de ces dernières années a en quelque sorte créé un état de surcharge tant sensorielle qu'informative qui, chaque jour, nous confronte à plus de données que nous ne pouvons véritablement assimiler. Mais le nombre de médias qui nous permettent d'explorer et de comprendre notre monde intérieur est beaucoup moins important. Les jeux de psychologie constituent l'un des moyens inventés pour ouvrir notre œil intérieur et l'aider à voir plus nettement. La psychologie permet d'étudier et de comprendre le fonctionnement de l'esprit, mais, comme toute science, elle exige du temps, beaucoup de travail et du dévouement dans son apprentissage. Elle utilise également un vocabulaire qui laisse à distance de nombreux non-spécialistes. La kokologie est un jeu fondé sur la psychologie. Son approche est amusante et facile, ce qui permet à tout un chacun de faire l'expérience du monde de l'esprit et d'y prendre plaisir.

La kokologie fonctionne également comme un outil de communication. Pour beaucoup d'entre nous, l'expression « test psychologique » évoque une image sombre ou effrayante. Je suis un psychologue et, *même moi*, je n'aime pas passer des tests. En revanche, les jeux psychologiques rendent ce même processus de découverte tout à la fois intéressant et amusant. Nous nous sentons moins menacés lorsque l'expérience fait figure de simple jeu. En kokologie, on peut ne pas être d'accord avec l'interprétation d'une réponse au test si elle paraît folle ou incroyable – cela fait partie du jeu. La plupart du temps, cependant, je crois que vous serez surpris de découvrir avec quelle exactitude les réponses reflètent la véritable personnalité des gens, y compris la vôtre. Ce jeu est, par conséquent, un moyen extraordinaire de combler l'absence de communication entre amis et amants. Il nous permet de nous rapprocher les uns des autres, de mieux nous comprendre, de lancer des discussions sur des sujets qui pourraient, sans cela, être difficiles, brûlants ou carrément interdits.

J'ai tenté de rendre la kokologie aussi drôle que possible, tout en restant fidèle aux principes de la psychologie. J'espère que vous prendrez du plaisir à jouer et que vous aurez l'impression d'avoir appris quelque chose sur vous-même et sur votre entourage lorsque vous aurez terminé.

Pr Isamu SAITO
Université de Rissho.

COMMENT JOUER

Lorsque nous avons décidé de développer la kokologie, notre premier but, de loin le plus important, était de la rendre amusante. Après tout, quelle personne saine d'esprit voudrait-elle jouer à un jeu qui ne serait pas drôle ? Le concept de base était déjà là : créer un jeu où les gens, soit s'imagineraient dans des situations de la vie quotidienne, soit seraient plongés dans des scénarios sortant de l'ordinaire, et répondraient à des questions simples. Les réponses sont interprétées d'un point de vue psychologique et donnent une idée de la manière dont l'esprit de cette personne fonctionne. C'est une sorte de test de Rorschach qui utiliserait des mots à la place de taches d'encre.

Les concepts furent aisément trouvés. Maintenir un équilibre entre la science et le divertissement s'avéra plus ardu. Le professeur Saito peut se porter garant de la partie scientifique. Vous seul pouvez juger du côté distrayant. Je ne suis moi-même pas un psychologue, mais je connais suffisamment bien la nature humaine pour savoir que personne n'aime les longues introductions – particulièrement lorsqu'il s'agit de livres de jeux. Aussi vais-je terminer en vous laissant une liste de huit trucs qui vous permettront de rendre amusante, enrichissante et satisfaisante l'expérience que vous ferez de la kokologie.

Amusez-vous bien !

Tadahiko NAGAO.

HUIT TRUCS POUR JOUER À LA KOKOLOGIE

1. Dites la première chose qui vous vient à l'esprit.

Les jeux fonctionneront mieux si vous ne marquez aucune hésitation ou si vous ne vous rongez pas les sangs pour trouver le bon choix de mots. Il n'y a pas de bonnes ou de mauvaises réponses ; alors, restez calme et dites ce qui vous vient à l'esprit.

2. Jouez si possible avec d'autres gens.

Cet ouvrage de kokologie peut être lu seul, comme n'importe quel autre livre, mais vous prendrez plus de plaisir, ce sera plus divertissant et amusant si vous jouez à deux ou à plusieurs. C'est l'occasion d'échanger quelques rires et d'apprendre à mieux se connaître. Vous pourrez peut-être découvrir que vous avez plus de choses en commun que vous ne l'imaginiez ou, à l'inverse, il vous arrivera peut-être de constater une telle incompatibilité que vous aurez l'impression de venir de planètes différentes. Il n'y a qu'une façon de découvrir cela avec certitude.

3. N'essayez pas de prédire les réponses.

Il est naturel de vouloir essayer de se montrer plus malin que les questions ou de deviner quelles en sont les significations cachées. Mais qu'est-ce que cela vous apprendra ?

4. Soyez honnête avec vous-même.

La kokologie n'est peut-être qu'un jeu, mais comme n'importe quel bon jeu, elle peut vous apprendre quelque chose sur vous-même si vous lui en laissez la possibilité. Ne craignez pas d'accepter la vérité si une imperfection ou un de vos défauts est dévoilé. Je sens que vous êtes fondamentalement quelqu'un de bien, d'intelligent et de sympathique. Après tout, n'avez-vous pas acheté ce livre ?

5. Préparez-vous.

Dans certaines questions, il vous sera demandé d'écrire quelque chose ou de dessiner une image, alors c'est une bonne idée d'avoir à portée de main un stylo ou un crayon, ainsi que du papier, avant de commencer. Les kokologues expérimentés voudront peut-être essayer de filmer au caméscope une série de jeux. L'expression sur le visage de ceux dont le véritable caractère se révèle est parfois sans prix. Et les secrets qu'ils dévoilent par mégarde peuvent également valoir leur pesant d'or.

6. Ne lisez pas à l'avance.

Ce conseil complète celui qui recommande de ne pas essayer de deviner les réponses. Il est destiné à ceux qui commencent la lecture d'un roman policier par la dernière page. Pourquoi ne pas vous accorder quelques surprises ? Est-ce vraiment si satisfaisant de pouvoir dire : « Je le savais depuis le début » ?

7. Observez les réactions des gens (y compris les vôtres).

Les interprétations des scénarios donnés dans ce livre servent seulement de point de départ à une meilleure compréhension de qui vous êtes et de qui sont les autres. Il est parfois plus instructif (et plus divertissant) de voir comment quelqu'un réagit à une réponse qui se situe un peu hors des sentiers battus qu'il n'est de lire une interprétation en tout point exacte.

8. Gardez l'esprit ouvert.

En kokologie, comme dans la vie, il est important de garder les choses en perspective. Il n'existe pas de bonne réponse, et toute situation peut être interprétée de plusieurs façons différentes. Si vous jouez avec des amis, saisissez cette occasion pour apprendre des choses sur eux et grâce à eux. Le monde serait-il vraiment amusant si nous pensions tous de la même façon ? La variété est le piment de l'existence.

VOYAGE DANS LE DÉSERT

Il fait nuit. Votre bureau déborde de paperasse à traiter. Tous vos collègues sont déjà rentrés chez eux. Vous regardez l'heure à la pendule et elle vous fait la nique. Désespéré, vous vous demandez si vous parviendrez un jour à finir cette montagne de boulot.

Le professeur débite d'une voix monotone un cours de trois heures sur le sujet le plus ennuyeux de la terre. Voilà à peine trente minutes que le cours a débuté, et déjà il ne reste plus de place sur votre feuille pour faire des gribouillis. Vous commencez à vous dire que le temps s'est arrêté.

L'attente peut être une forme particulière de torture, pire que toute douleur passagère. La frustration mêlée à l'ennui peut paniquer le plus courageux d'entre nous. Notre premier voyage nous entraîne dans un face-à-face avec l'infini. Prenez un instant pour vous préparer. Le moment est venu de pénétrer dans le désert éternel...

1. Vous chevauchez un chameau à travers l'étendue vide et immense d'un désert semble-t-il interminable. Vous êtes resté si longtemps en selle que vous frisez l'épuisement. Que diriez-vous au chameau qui vous a porté tout ce chemin ?

2. Au moment où vous pensiez que vous alliez périr de soif, une magnifique oasis apparaît. Mais quelqu'un y est arrivé avant vous. Qui est cet autre voyageur? (Citez une personne que vous connaissez.)

3. Le temps s'écoule lentement dans le désert. Une éternité semble s'être passée avant que les lumières d'une ville n'apparaissent à l'horizon : vous voilà enfin arrivé à destination. Quels sentiments vous animent au moment où votre voyage s'achève ?

4. Le temps est venu de vous séparer du chameau que vous avez chevauché pendant si longtemps. Au moment précis où vous en descendez, un nouveau cavalier monte en selle pour prendre votre place. Qui est ce nouveau cavalier ? (Citez une autre personne de votre entourage.)

SOLUTION

Le désert et le chameau symbolisent le chemin que nous accomplissons pour acquérir notre propre indépendance. Plus particulièrement, ce scénario révèle les sentiments que nous éprouvons au moment où nous nous séparons d'une personne aimée. Vos réponses mettent en lumière la manière dont vous pourriez réagir lorsque arrive ce moment où chacun part de son côté.

1. Ce que vous dites au chameau révèle ce que vous pourriez vous dire en prenant conscience de la perte du sentiment amoureux. Avez-vous essayé des mots d'encouragement du genre: «On y arrivera d'une façon ou d'une autre!», ou bien: «Ne t'inquiète pas, cela ne pourra pas continuer comme ça éternellement!» Vos paroles étaient-elles plutôt teintées de désespoir: «Nous sommes perdus... Il n'y aucun espoir... Je crois que nous allons mourir ici!» ?

2. En termes psychologiques, l'oasis symbolise la clé pour résoudre les problèmes de chacun d'entre nous. La personne rencontrée dans cet endroit peut être quelqu'un qui vous a aidé ou vous a réconforté dans le passé, ou quelqu'un vers qui vous pourriez vous tourner dans des moments difficiles.

3. La ville, à la fin du voyage, représente l'ordre dans lequel vos émotions ont été ramenées une fois que vous vous êtes remis de votre peine de cœur. Ce que vous éprouvez en atteignant la ville correspond aux vrais sentiments qui vous animent après avoir enfin réussi à surmonter un amour perdu.

4. Rivalité, jalousie ou ressentiment sont les sentiments secrets que vous éprouvez pour le nouveau cavalier. La personne que vous avez nommée est-elle une rivale en amour ? Est-ce plutôt quelqu'un qui, par le passé, vous a brisé le cœur ?

L'OISEAU BLEU

Un jour, un oiseau bleu entre dans votre chambre, en passant par la fenêtre, et est attrapé. Quelque chose vous attire chez cet oiseau, et vous décidez de le garder. Mais, chose surprenante, le lendemain matin l'oiseau bleu est devenu jaune ! Cet oiseau très spécial change de couleur à nouveau pendant la nuit suivante, et le surlendemain il est devenu rouge. Le quatrième matin, il est devenu noir. Quelle est la couleur de l'oiseau au matin du cinquième jour ?

1. L'oiseau ne change pas de couleur. Il reste noir.
2. L'oiseau redevient bleu.
3. L'oiseau devient blanc.
4. L'oiseau devient doré.

SOLUTION

L'oiseau qui est entré dans votre chambre paraissait être un symbole de chance. Lorsqu'il a brusquement changé de couleur, vous avez eu peur que le bonheur ne dure pas. Votre réaction à cette situation vous indique comment vous réagissez face aux difficultés et aux incertitudes de la vie.

1. Ceux qui ont dit que l'oiseau restait noir ont une vision pessimiste de l'existence.

Avez-vous tendance à penser que dès que ça va mal, aucune situation ne peut vraiment rentrer dans l'ordre ? Peut-être est-il utile de vous dire que si la situation dans laquelle vous vous trouvez est dramatique, elle ne pourra guère empirer. Souvenez-vous que la pluie finit toujours par s'arrêter, et que la soleil se lève même après les nuits les plus sombres.

2. Ceux qui ont dit que l'oiseau redevient bleu sont des optimistes pragmatiques.

Vous pensez que la vie est un mélange de bien et de mal, et que l'on n'aboutit à rien en luttant contre la réalité. Vous acceptez l'adversité sans vous départir de votre calme et vous laissez les choses suivre leur cours sans ressentir trop de stress ou d'inquiétude. Cette façon de voir le monde vous permet de naviguer sur les vagues de l'adversité sans pour autant être emporté.

3. Ceux qui ont dit que l'oiseau devient blanc sont des personnes tranquilles, qui savent prendre des décisions lorsqu'elles sont confrontées à la pression.

Vous ne perdez pas votre temps à vous inquiéter ou à ne pas savoir quoi décider, même lorsqu'une situation de crise se développe. Si celle-ci devient trop mauvaise, vous estimez qu'il vaut mieux faire la part du feu et prendre un autre chemin afin d'atteindre votre but plutôt que d'être alourdi par un chagrin inutile. Prendre ainsi les devants signifie que les choses semblent aller naturellement dans votre sens.

4. Ceux qui ont dit que l'oiseau devenait doré peuvent être décrits comme des personnes sans peur.

Vous ne savez pas ce que le mot «pression» veut dire. Pour vous, toute crise est une opportunité. Vous pouvez reprendre à votre compte le mot de Napoléon: «Impossible n'est pas français.» Mais prenez garde à ce que cette confiance sans limite ne vous entraîne à votre perte. La ligne qui sépare bravoure et témérité est très étroite.

UNE SOIRÉE AU CONCERT

Il y a quelque chose de magique à propos d'une soirée au concert – un sentiment d'attente et de plaisir à l'état pur. Imaginez que vous puissiez prendre place sur la scène parmi les musiciens. Une opportunité unique vous serait ainsi donnée de jouer du mieux possible.

Si vous pouviez faire partie de l'orchestre, de quel instrument joueriez-vous ?

1. Le violon.
2. La contrebasse.
3. La trompette.
4. La flûte.

SOLUTION

Les instruments de musique symbolisent les personnes du sexe opposé. La paire constituée par vous et votre instrument révèle la perception que vous avez de vous-même lorsque vous jouez la musique de l'amour. L'instrument que vous avez choisi donne un aperçu de ce que vous estimez être votre technique amoureuse la plus performante.

1. Le violon.

Le violon exige un doigté sensible et un touché délicat avec l'archet pour que de la musique soit émise par des cordes tendues à l'extrême. Vous vous percevez comme possédant la même faculté et le même talent pour trouver et jouer sur les parties les plus sensibles du corps de votre partenaire. La manière dont vos mains peuvent créer une musique si magnifique en parcourant les mêmes notes familières procède de l'aventure.

2. La contrebasse.

Prendre position derrière une énorme contrebasse et lui faire pousser ces gémissements incroyables donnent un sentiment de pouvoir. En amour, votre talent se niche dans l'habileté que vous avez de plier votre partenaire à votre volonté. Vous prenez les choses entièrement en main et vous l'entraînez vers des plaisirs qu'il (ou elle) n'aurait jamais imaginé pouvoir ressentir. Vous ne demandez jamais la permission. Cependant, cet aspect dominateur de votre caractère est ce qui vous rend irrésistible.

3. La trompette.

Il n'y pas d'autre façon de le dire : votre bouche est l'arme la plus puissante de votre arsenal. Que votre bouche murmure des mots d'amour dans l'oreille de votre partenaire ou que vos lèvres l'explorent, vous avez tous les traits de caractère d'une personnalité orale.

4. La flûte.

La flûte requiert une patience incroyable de la part de ceux qui veulent en maîtriser le maniement. Vous montrez la même patience lorsque vous épuisez votre partenaire par votre persistance, votre détermination, et votre vigueur. Vos partenaires sont souvent pris de court lorsque ce qu'ils pensaient n'être qu'un bref récital se transforme rapidement en un concerto à six mouvements, joué dans son intégralité.

LE JOUR DE VOTRE ANNIVERSAIRE...

Votre anniversaire est le jour de l'année où vous êtes en droit d'attendre que les choses soient un petit peu plus agréables que d'habitude : des vœux de bonne santé et des félicitations, des cadeaux et des cartes, peut-être même une fête ou un dîner romantique en tête-à-tête.

C'est votre anniversaire aujourd'hui et, lorsque vous ouvrez votre boîte aux lettres, vous découvrez une carte envoyée par une personne dont vous n'imaginiez pas un seul instant qu'elle puisse vous écrire. Qui a envoyé cette carte ?

Vous avez également reçu un certain nombre de présents de votre famille et de vos amis. Parmi vos relations, qui vous a envoyé le plus gros paquet ?

(Donnez les noms de personnes de votre entourage lorsque vous répondez à ces deux questions.)

SOLUTION

Les véritables sentiments que vous éprouvez pour les personnes de votre entourage se trouvent dans les réponses que vous avez données. Des sentiments dont vous n'avez peut-être pas conscience.

La personne qui vous a envoyé la carte imprévue est en réalité une personne que vous souhaiteriez aimer plus ou à qui vous voudriez accorder plus d'attention. Bref, l'expéditeur de cette carte est quelqu'un que vous vénérez de loin. Est-ce une personne que vous connaissez à peine ? Ou que vous hésitez à approcher ? Ou encore, est-ce un ami que vous n'avez pas vu depuis longtemps ? Peut-être le temps est-il venu de faire le premier pas pour combler la distance qui vous sépare ?

À première vue, vous pourriez associer le plus gros cadeau que vous avez reçu aux bons sentiments de celui qui vous l'offre. D'un point de vue psychologique, cependant, la personne que vous avez nommée est en réalité quelqu'un dont vous prenez pour acquis les sentiments à votre égard. Ce n'est pas nécessairement un manque de respect, mais vous êtes sûr des sentiments qu'elle éprouve pour vous. Prenez garde à ne pas être trop confiant. Ce qui peut vous sembler comme de la sécurité, sur le plan affectif, peut paraître à d'autres carrément égoïste.

AU MUSÉE

De temps à autre, il est agréable de s'accorder une pause dans notre emploi du temps chargé et de se frotter personnellement au monde artistique. Certains d'entre nous vont aux concerts ou au théâtre, d'autres décident d'apprendre à danser ou à jouer un instrument de musique, d'autres encore s'essaient aux travaux manuels. Et, bien sûr, il y a toujours l'expédition au musée…

Vous êtes au musée. Mains dans le dos, vous regardez un tableau, tout en cherchant à en comprendre la signification. Soudain, un inconnu s'approche de vous et vous parle. Que vous dit-il ?

1. « Beau tableau, n'est-ce pas ? »

2. « Que pensez-vous de ce tableau ? »

3. « Pardon, avez-vous l'heure ? »

4. « Vous savez, je suis moi-même peintre. »

SOLUTION

Lorsqu'un inconnu nous adresse soudain la parole, notre première réaction est un mélange d'appréhension et d'attente.

Dans ce scénario imaginaire, les mots prononcés par l'inconnu reflètent en réalité la manière dont vous réagissez lors de rencontres fortuites et lorsque vous faites la connaissance d'inconnus. Votre réponse révèle le genre d'impression que vous faites à autrui, quand vous rencontrez quelqu'un pour la première fois.

1. « Beau tableau, n'est-ce pas ? »

Votre nature amicale et positive crée une impression extraordinairement bonne sur presque toutes les personnes que vous rencontrez pour la première fois. L'unique souci que vous pourriez avoir, dans un premier temps, est de ne pas être pris au sérieux.

2. « Que pensez-vous de ce tableau ? »

Vous préférez tester le tempérament des autres avant de vous engager. Les gens peuvent percevoir votre hésitation, ce qui peut colorer leurs réactions à votre égard. Vous n'écrasez les orteils de personne par votre approche prudente, mais attention à ne pas être, pour autant, un paillasson.

3. « Pardon, avez-vous l'heure ? »

La moitié du monde vous considère comme quelqu'un de plutôt bien, mais l'autre moitié vous trouve bizarre. Au premier abord, vous donnez l'impression d'être quelqu'un qui mène sa vie selon un rythme qui lui est propre, et dont la personnalité est ce que d'aucuns considéreraient comme excentrique. Vous n'accordez pas grande importance à ce que les autres pourraient penser ou ressentir. Le secret pour vous comprendre réside dans ces quelques mots : pour le meilleur ou pour le pire.

4. « Vous savez, je suis moi-même peintre. »

Lorsque vous rencontrez quelqu'un pour la première fois, vous apparaissez quelque peu nerveux et empressé. Peut-être cherchez-vous trop à être apprécié. Malheureusement, plus vous faites des efforts dans ce sens, moins l'impression qui se dégage est bonne. Ne cherchez pas autant à ce que l'on vous trouve génial – les gens vous apprécieront mieux si vous adoptez une attitude plus détendue et plus cool.

LOIN DANS LES MONTAGNES

Les montagnes et la mer... Comme un aimant, la nature nous attire à elle. Après tout, nous sommes ses enfants, nés dans son monde, et sa générosité nous a nourris. Quelles que soient les merveilles développées par la technologie, le retour à la nature nous permet de nous sentir vraiment en vie. La médecine peut faire des progrès importants, le pouvoir curatif de la nature n'en reste pas moins le meilleur des remèdes.

Votre prochain voyage va vous ramener dans ce monde verdoyant. N'est-il pas de décor plus parfait pour partir en quête de votre moi authentique ?

1. Vous partez escalader une montagne, à la recherche d'une pierre précieuse et rare. Vous vous trouvez au pied de la montagne. Quelle impression vous fait-elle ?

2. Après une recherche difficile, vous n'avez toujours pas trouvé la pierre. Le soleil vient de se coucher. Que faites-vous ?

3. Vous avez enfin découvert la pierre que vous cherchiez. De quel genre de pierre s'agit-il ? Décrivez sa taille, son poids, et sa valeur.

4. Maintenant, il est temps de redescendre de la montagne et de rentrer chez vous. Quels sont vos mots d'adieu à la montagne ? Comment vous répond-elle ?

SOLUTION

La montagne qui se dresse devant vous représente votre père, ou une figure paternelle. En termes psychologiques, c'est une manifestation de l'archétype du « vieil homme plein de sagesse ». La pierre que vous cherchez symbolise les aptitudes et la force qu'il faut trouver en vous sur le long chemin qui mène à votre indépendance d'adulte.

1. La façon dont vous percevez la montagne montre l'image que vous avez de votre père. Cette montagne était-elle difficile et impitoyable ? Aimable et facilement conquise ? Ou aviez-vous une image idéalisée d'un pic magnifique qui, d'une certaine façon, semblait vous souhaiter la bienvenue et vous encourager dans votre quête ?

2. La pierre que vous cherchez représente un talent ou une force que vous possédez, mais qui n'ont pas encore été mis au jour. Votre réponse à cette question détermine si vous serez jamais en mesure de réaliser ce potentiel inexploité.

Ceux qui disent qu'ils continueraient à chercher la pierre quoi qu'il arrive ont tendance à montrer la même détermination et la même persévérance dans leur propre vie. Ils ne baissent jamais les bras même si leurs efforts leur paraissent vains.

Ceux qui répondent qu'ils s'arrêtent à la tombée de la nuit mais reviennent le lendemain pour continuer la recherche font partie de ces gens qui savent régler leur allure, qui étalent leurs efforts dans le temps. Plus d'une personne dans ce groupe a probablement mûri tardivement.

Ceux qui ont renoncé à chercher la pierre courent le danger de ne jamais réaliser leur vrai potentiel.

3. La façon dont vous avez décrit la pierre révèle le sentiment que vous avez de votre propre valeur : sa taille, son poids, et l'estimation que vous aviez de son prix.

a) « Oh, dans les quarante euros. » Hmmm, ce n'est pas grand-chose en termes de valeur, non ?

b) « C'était, en fait, un énorme diamant qui valait des millions ! » Du calme ! Ne nous laissons pas emporter...

4. Les paroles que vous adressez à la montagne mettent en lumière ce que vous avez toujours voulu dire à votre père, sans jamais en avoir été capable. La réponse de la montagne illustre l'idée que vous avez de ses sentiments à votre égard.

Reconnaissez-vous l'un de ces modèles ? :

Vous : « Merci pour tout. »

La montagne : « Prends bien soin de toi. »

Avez-vous eu ce genre d'échange ? Ou le dialogue resssemblait-il plutôt à ceci :

Vous : « Bon, eh bien, on dirait que j'en ai vraiment fini avec toi. »

La montagne : « Tu peux le dire ! »

Peut-être le temps est-il venu pour votre père et pour vous de tranquillement vous asseoir et discuter l'un avec l'autre.

LE PORTEFEUILLE OUBLIÉ

C'est un matin comme tous les autres : dernières vérifications avant de sortir en courant de chez soi. Cheveux bien coiffés ? Vêtements propres ? Tout est parfait. On peut y aller…

Vous partez à la même heure que d'habitude, mais à mi-chemin du bureau, vous vous apercevez que votre portefeuille ne se trouve pas là où vous le rangez toujours. Une recherche rapide confirme le pire : vous l'avez oublié chez vous ! Et il n'y a plus assez de temps pour rebrousser chemin et aller le chercher. Vous commencez à fouiller vos poches et votre sac pour voir combien de liquide vous avez sur vous pour la journée. Quelle somme d'argent trouvez-vous ?

SOLUTION

La quantité de liquide que vous trouvez sur vous représente la somme d'argent dont vous oubliez l'existence dans votre vie quotidienne : l'argent sur lequel vous ne comptez pas. Cette somme symbolise également le montant que vous acceptez sans peine de prêter aux autres. Combien d'argent avez-vous trouvé ?

1. Entre quinze et trente euros ? C'est un montant plutôt raisonnable.

2. Plus de cent euros ? Vous devez être la coqueluche de vos amis à l'arrivée de la paie.

3. Rien du tout ? Êtes-vous sans le sou, ou tout simplement radin ?

MANTEAU BLEU, MANTEAU JAUNE

Admirer ensemble les crèches de Noël sur les places des villes ou des villages donne l'occasion aux gens de se réunir et de célébrer la fin de l'année. C'est une période nostalgique qui permet de créer de nouveaux souvenirs. Ce sont les vacances, les inconnus s'adressent la parole entre eux, et un sentiment de paix règne tout autour.

La nuit est froide et vous êtes sorti contempler, avec un groupe d'amis et de relations, les décorations qui illuminent les grands magasins. Parmi les personnes en votre compagnie, l'une d'elle porte un manteau jaune et une autre un manteau bleu. Qui sont-elles ? (Donnez le nom de personnes que vous connaissez.)

SOLUTION

En psychologie, les couleurs vives telles que le jaune sont associées à des sentiments positifs et chaleureux. En revanche, les couleurs froides comme le bleu sont liées à des émotions manquant de chaleur, voire négatives. Vous serez sans doute surpris de l'apprendre, mais la personne qui porte le manteau jaune est quelqu'un que vous aimez ou qui vous rend heureux, alors que quelque chose concernant la personne vêtue du manteau bleu vous laisse froid.

ÉCRIT DANS LES ÉTOILES

Lorsque nous regardons une nuit étoilée, il est parfois possible de se perdre dans la profondeur infinie de l'espace. Nous sommes conscients des distances gigantesques qui séparent les étoiles de la Terre, et cependant elles apparaissent comme des messagères amicales, capables de réaliser nos souhaits. Dans l'obscurité de la nuit, il est réconfortant de lever la tête et de se laisser attirer par leur pouvoir lointain.

Pour ce jeu, prenez du papier et de quoi écrire.

1. Dessinez d'abord trois étoiles de tailles différentes.

2. Ensuite, ajoutez à une – et une seule – des trois étoiles la queue d'une comète.

SOLUTION

Tout à la fois distantes et inaccessibles, les étoiles qui brillent dans le ciel possèdent le pouvoir de réaliser nos vœux et de faire que nos rêves deviennent réalité. Les étoiles déterminent notre présent et donnent un aperçu du futur. Votre dessin met en lumière votre vie professionnelle en général et, en particulier, où vous en êtes actuellement de votre carrière.

1. L'étoile la plus grosse représente votre travail actuel, son potentiel et ce en quoi il est décevant. Si la différence de taille entre la grosse étoile et les deux autres n'est pas très grande, cela signifie que vous vous sentez insatisfait ou tout au moins désintéressé par votre carrière. Vous êtes animé par la volonté de voir ce qui se passe ailleurs et de ne pas vous engager de manière irrévocable. Guettez le coup de téléphone impromptu d'un chasseur de tête. Ils savent découvrir ce genre de choses.

2. Dans l'histoire des cultures du monde entier, les comètes sont des présages de

désastre ou de changement cataclysmique. L'étoile à laquelle vous avez mis une queue de comète représente les problèmes qui se dessinent à l'horizon. S'il s'agit de la plus petite étoile, vous avez de la chance : les cieux vous ont négligé pour le moment. Mais si votre plus grosse étoile est une comète, ce serait une bonne idée de mettre à jour votre CV. Les étoiles ne mentent jamais.

SOUVENIRS SUCRÉS

Qu'y a-t-il à propos des souvenirs d'enfance qui remue le cœur si profondément et nous donne envie de remonter le temps? Est-ce un désir de retour à l'innocence ou tout simplement le plaisir de se sentir jeune à nouveau? Pendant l'enfance, chaque jouet, chaque poupée, chaque jeu constituaient un trésor à part. La manie du collectionneur pour les antiquités et les objets du passé trouve ses racines dans ces fascinations enfantines et le désir de revivre le passé, même pour un court instant.

Notre prochaine rencontre nous ramènera à une époque moins compliquée, dans la petite confiserie au bout de la rue. Peut-être y verrez-vous une version plus jeune de vous-même déambulant parmi la marchandise.

1. À l'intérieur de la confiserie, vous trouvez des rangées et des rangées de bonbons familiers, des barres de chocolat, du chewing-gum, des sucreries de votre enfance. Certains sont empilés sur des étagères bien organisées, d'autres sont en vrac dans des paniers et des

bocaux. Quel bonbon prenez-vous en premier ? Pourquoi choisissez-vous celui-là ? (Dites exactement ce qui a motivé votre choix.)

2. Tout en vous promenant dans la boutique pour faire votre sélection, vous remarquez un groupe d'enfants dans la rue sur le point d'entrer. Combien d'enfants franchissent le seuil de la porte ?

3. Vous faites vos achats et vous rentrez chez vous avec un sac de bonbons. Lorsque vous ouvrez le sac, vous vous apercevez que le marchand a ajouté quelques bonbons, un petit extra rien que pour vous. Combien de bonbons supplémentaires avez-vous reçu ?

4. Vous pensez offrir ces bonbons que vous avez achetés à quelqu'un. S'il y avait quelqu'un, à qui les donneriez-vous ?

SOLUTION

Le thème des bonbons fait référence à cette époque de votre vie où vous pouviez compter sur un cadeau offert à l'improviste ou même vous attendre à être gâté. Ce scénario révèle à la fois ce que vous attendez des autres et votre état de dépendance.

1. Parmi cet assortiment quasi illimité, sur quoi avez-vous jeté votre dévolu en premier ? Et, fait plus important, qu'est-ce qui a motivé votre sélection ? Le raisonnement derrière votre choix illustre en réalité ce que vous désirez le plus obtenir des autres.

Si vous avez pensé à quelque chose du genre : « Je vais prendre le bonbon avec le cadeau surprise dans le paquet », vous appréciez les gens qui apportent des présents. (En retournant cette idée, vous n'êtes sans doute pas très positif à l'égard de ceux qui viennent les mains vides.) Attention à ne pas devenir trop matérialiste. La vie ne consiste pas à échanger des cartes à collectionner et des trucs pour décoder les jeux.

Si vous avez choisi un bonbon parce que vous vous souvenez de son goût délicieux ou parce qu'il vous rendait nostalgique, cela signifie que vous avez faim de l'attention et de l'affection que vous receviez de votre mère étant enfant. Si vous êtes un homme et que vous avez répondu ainsi, on peut vous considérer comme un fils à sa mère.

Si votre décision était fondée sur des facteurs extérieurs tels que : « J'aimais bien l'emballage », ou : « Il avait l'air cool », vous êtes du genre à ne juger que sur l'apparence. Attention ! C'est le bonbon que vous mangez, pas l'emballage.

2. Le nombre d'enfants qui sont entrés dans la boutique pendant que vous y étiez représente le nombre de personnes sur qui vous avez besoin de compter. Nous avons tous besoin de soutien, que ce soit d'assistance dans notre travail ou simplement d'un peu d'encouragement de la part des personnes que nous aimons. On ne peut pas traverser la vie sans l'aide de personne. Mais il est également vrai qu'à trop compter sur les autres, on éprouve des difficultés à accomplir sa propre autonomie.

La plupart des gens imaginent entre un et cinq enfants entrant dans la boutique. Ceux qui évoquent plus de cinq enfants ont encore du chemin à faire avant d'atteindre un niveau d'indépendance adulte. Par ailleurs, ceux qui ont dit qu'aucun enfant n'était entré dans la boutique peuvent également avoir besoin de revoir la façon dont ils considèrent le monde.

3. Le nombre de bonbons gratuits que vous avez reçus révèle l'étendue de votre dépendance vis-à-vis de votre mère. L'attention particulière que le marchand vous a prodigué mesure celle que vous voulez recevoir en réalité de votre mère. La plupart des adultes disent un ou deux bonbons. Si vous avez répondu dix ou vingt, vous avez peut-être besoin de réfléchir à la manière de déployer vos ailes et de vous envoler du nid.

4. À qui donneriez-vous les bonbons ? La personne que vous avez choisie est quelqu'un dont vous aimeriez pouvoir vous occuper un jour. Cela peut également être une personne dont vous souhaiteriez qu'elle dépende de vous. Avez-vous dit que vous les donneriez à vos parents ? Votre souhait se réalisera peut-être plus tôt que prévu.

Était-ce à votre partenaire ou à une personne que vous aimez secrètement ? Ce serait peut-être amusant de vous en occuper pendant un jour ou deux, mais cela pourrait devenir lassant à la longue.

Ou bien, avez-vous dit que vous ne donneriez les bonbons à personne ? Vous préférez une vie aux liens affectifs limités, exigeant peu du monde et n'attendant rien en échange. L'approche solitaire signifie que vous n'aurez peut-être jamais besoin de partager quoi que ce soit avec autrui. Cela peut aussi vouloir dire que vous n'aurez personne avec qui partager.

UN TOUR DE MONTAGNES RUSSES MÉMORABLE

Même si l'on mène une existence heureuse, il y a des moments où la vie de tous les jours paraît ennuyeuse et, justement, un peu banale. S'il est certainement agréable de savoir que demain sera une bonne journée, trop de routine peut nous laisser en manque d'inspiration. Mais nous connaissons un moyen d'échapper au métro-boulot-dodo, même brièvement. La réponse se trouve dans une recherche de stimulations et de frissons occasionnels. C'est là que se niche le secret qui permet d'apprécier la valeur de notre train-train quotidien.

Comment apportons-nous du piment à notre vie ? En regardant des films, en voyageant, en faisant du sport, en jouant à des jeux de hasard. Peut-être aussi en nous rendant au parc d'attractions, ce monde où frissons riment avec fantasmes. Voyageons dans le royaume des émotions fortes et du divertissement de notre enfance.

Vous aurez besoin de papier et de quoi écrire pour ce jeu.

1. Vous passez le portail et un circuit de montagnes russes se profile devant vous. Une file de gens attendent. Combien de temps se passe avant que votre tour n'arrive ?

2. C'est à vous, et maintenant vous êtes emporté sur le circuit, entraîné alternativement vers le haut et vers le bas. Quel genre d'émotion vous apporte la vitesse ?

3. Au moment le plus excitant, le wagon plonge dans l'eau et vous êtes complètement trempé. Que criez-vous à cet instant ?

4. Ensuite, vous essayez le manège. Pendant votre tour, votre cheval se casse et arrête de bouger. Que lui dites-vous ?

5. Le circuit de montagnes russes vous a, certes, procuré plein d'émotions fortes, mais tout compte fait il n'était pas aussi extraordinaire que ce à quoi vous vous attendiez. Si vous deviez dessiner un circuit de montagnes russes parfait, à quoi ressemblerait-il ? Faites le dessin détaillé de ce parcours.

SOLUTION

Avez-vous passé du bon temps dans le parc d'attractions ? En termes psychologiques, les mouvements rythmiques de bas en haut représentent l'excitation sexuelle. Alors, vos réponses aux cinq questions mettent en lumière votre comportement par rapport à la sexualité.

1. Le temps passé dans la file d'attente montre combien de temps vous consacrez, ou que vous aimeriez que votre partenaire consacre, aux préludes érotiques. Avez-vous dû attendre des heures avant l'événement principal, ou avez-vous simplement pris le train en marche sans autre formalité ?

2. Vos émotions pendant le circuit de montagnes russes symbolisent ce que vous ressentez lorsque vous faites l'amour. Avez-vous pensé : « C'est le meilleur tour de toute ma vie ! », ou bien votre réaction a-t-elle été plus proche de : « Laissez-moi descendre ! Je crois que je vais être malade ! »

3. Dans la symbolique junguienne, l'eau représente la source de la vie. Vos paroles au moment où le wagon s'est élancé dans l'eau sont celles que vous pourriez prononcer au moment de l'orgasme. Espérons que vous n'avez rien dit que vous pourriez regretter le lendemain...

4. Le cheval, en termes psychosexuels, est un symbole du principe masculin. Les mots que vous dites à votre cheval cassé reflètent ce que vous pourriez vous dire ou dire à votre partenaire lorsque l'homme n'a pas été à la hauteur.

« Ce n'est pas grave. Ne t'inquiète pas. C'est seulement une balade. » Vous êtes de nature réellement gentille et indulgente.

« Non ! Ce n'est pas vrai ! Je veux être remboursé ! » C'est vous qui l'avez dit, pas moi.

« Allez, bourrin stupide ! Du nerf ! » Pouah !

5. Le circuit idéal que vous avez dessiné montre votre vision d'une vie sexuelle parfaite. Les hauts et les bas du parcours constituent une métaphore exacte des frissons et des temps morts de l'amour. Était-ce une montée longue et lente suivie d'une plongée terrifiante ? Une série de loopings et de tours à 360 degrés ? Ou peut-être avez-vous dessiné un circuit où tout le parcours se fait la tête en bas et à reculons ? Ne vous inquiétez pas, personne n'ébruitera votre secret.

PERSONNE N'EST PARFAIT

«Je n'y crois pas! Comment ai-je pu faire quelque chose d'aussi stupide?» Les occasions de prononcer ces mots sont courantes. Pain brûlé, taches de café sur des feuilles de papier, panne d'oreiller, orteils écrasés, portes de sortie loupées – il est dans la nature humaine de gaffer de temps à autre. Personne n'est parfait, et nous le prouvons tous chaque jour. Pensez-y la prochaine fois que les fautes d'inattention des autres vous donneront envie de rire. Après tout, vous ne savez pas quand votre tour viendra de porter des chaussettes dépareillées au travail.

Vous marchez dans la rue, la tête dans les étoiles et vous foncez dans une poubelle qui se trouve sur le trottoir. Elle se renverse. Qu'est-ce qui déborde du couvercle?

1. Rien ne sort – la poubelle était vide.

2. Une pile de détritus en vrac s'étale dans la rue.

3. Des trognons de pommes, des os de poulets, et d'autres sortes de déchets organiques.

4. Un sac-poubelle noir bien ficelé.

SOLUTION

Par inattention, vous avez retourné une poubelle. Ce faisant, quelque chose qui avait été soigneusement dissimulé en est sorti et a été exposé aux yeux des autres. L'image que vous avez choisie du contenu de la poubelle révèle ce que vous souhaitez cacher au monde.

1. Rien ne sort – la poubelle était vide.

Ceux qui donnent cette réponse ont tendance à vivre leur vie sans faire étalage ou sans fausses prétentions. Vous voyez ce que vous avez. Cette honnêteté sans fard est ce qui vous donne votre charme.

2. Une pile de détritus en vrac s'étale dans la rue.

Les personnes qui ont dit que la poubelle était remplie de détritus en vrac peuvent sembler directes et franches. En réalité, une pile de sentiments inexprimés est verrouillée en elles. Il s'agit peut-être d'un état de frustration générale. Cependant, en y repensant, n'y a-t-il pas eu des moments où vous vous êtes retenu de dire des choses que vous pensiez réellement ?

3. Des trognons de pommes, des os de poulets, et d'autres sortes de déchets organiques.

Les gens qui imaginent un tas de déchets culinaires répriment leurs appétits et leur désir naturel de manger. Peut-être êtes-vous au régime (ou cherchez-vous à éviter d'en faire un). Ou bien tentez-vous de faire des économies en limitant vos dépenses liées à l'alimentation. Quel que soit le cas, vous êtes ébranlé. Il n'y a pas lieu d'en faire trop, mais pourquoi ne passeriez-vous pas une soirée bien méritée au restaurant avec des copains ?

4. Un sac-poubelle noir bien ficelé.

Ceux qui ont vu un sac-poubelle soigneusement attaché manifestent beaucoup de sang-froid. Peut-être en ont-ils trop. Vous détestez montrer la moindre faiblesse, ou vous plaindre – votre orgueil vous l'interdirait. Mais permettre à votre entourage de savoir ce que vous ressentez réellement n'est pas un signe de faiblesse. Dénouez les cordons et laissez entrer un peu d'air avant que tous ces détritus ne pourrissent et ne commencent à sentir mauvais.

ABRACADABRA

Des cartes à jouer qui voltigent dans les airs… Des lapins qui sortent de chapeaux haut-de-forme soyeux… Une ravissante assistante qui disparaît dans une bouffée de fumée… Les tours de magie en public sont une tromperie simple élevée au rang de divertissement. Tout en regardant la représentation, vous savez que vous êtes berné, mais quelle que soit l'attention que vous portiez aux mains du prestigiditateur, vous ne parvenez jamais à mettre le doigt sur le secret. Cependant, comme la conversation humoristique alliée à la dextérité du magicien rendent ces tours de passe-passe distrayants, vous vous installez confortablement dans votre siège pour assister avec plaisir à cette fascinante démonstration de talent. L'aspect le plus important du numéro du magicien ne se trouve pas dans la maîtrise des techniques ou dans la préparation des supports, mais bien dans ce talent à faire croire.

Ne serait-il pas agréable de posséder le même don ? Eh bien, ce soir, cette chance vous est accordée. Votre public vous attend, et le rideau est sur le point de se lever...

1. Vous êtes un magicien de scène et vous êtes sur le point de partir pour une autre longue tournée. Ce soir, c'est la première, et vous attendez dans les coulisses que votre numéro soit annoncé. Comment vous sentez-vous avant d'entrer sur scène ?

2. Pour une partie de votre numéro, vous devez faire intervenir quelqu'un du public. Qui appelez-vous pour vous aider ? Citez une personne que vous connaissez.

3. En dépit de vos années d'entraînements et de votre expérience, votre numéro tourne à la catastrophe. Que dites-vous à la personne que vous avez conviée à participer ?

4. Vous voici à nouveau dans votre loge après votre numéro. Comment vous sentez-vous maintenant que c'est terminé ?

SOLUTION

Les tours de magie sont appelés *illusions* pour une raison bien précise. Les gens voient des choses qui ne sont pas vraiment là ou manquent des réalités évidentes. Les trucs font avant tout intervenir la tromperie et la ruse. Et la manière dont vous avez imaginé votre propre numéro montre comment vous vous voyez lorsqu'il s'agit de mentir ou de tromper les autres, particulièrement vos proches.

1. Ce que vous ressentiez avant de monter sur scène nous donne un aperçu de ce que vous sentiriez si vous envisagiez une aventure illicite (ou même si vous n'en aviez que le fantasme). La plupart des gens disent quelque chose comme: «J'espère que je ne vais pas tout gâcher!», ou: «Oh la la !, je suis vraiment nerveux.» Mais il y a aussi ceux qui semblent immunisés contre le trac: «Je vais aller là-bas et le spectacle que je vais donner restera dans les annales!»

2. La personne à qui vous avez demandé de venir sur scène pour vous aider est quelqu'un

que vous percevez comme simple, naïf et peut-être même un peu crédule. Bref, vous pensez que c'est quelqu'un qu'il est facile de tromper ou à qui il est aisé de mentir. Si vous avez donné le nom de votre partenaire, ce serait une bonne idée de le (ou la) rassurer en lui disant que vous ne feriez jamais quelque chose comme ça en vrai.

3. Les mots que vous prononcez après avoir raté votre numéro sont les genres d'excuses que vous feriez si vous étiez pris en flagrant délit de tricherie.

Étiez-vous troublé et écarlate avant de laisser échapper un « Pardon » ?

Avez-vous plutôt poursuivi votre numéro, en essayant de prendre cela à la rigolade : « Eh bien, je suppose que ça montre que personne n'est parfait ! »

Ou bien êtes-vous de ceux qui tentent de prétendre que ce ratage faisait partie du numéro ? C'est un superbe tour de passe-passe si vous arrivez à le mener à bien.

4. Ce que vous avez ressenti après la fin du numéro correspond à la façon dont vous vous sentez après avoir fait ou dit quelque chose de malhonnête.

« C'était très éprouvant pour les nerfs. Quelle pagaille ! » Cela vous apprendra à tromper les gens.

« C'est décidé. J'arrête ce travail. » Il y a plein d'autres métiers beaucoup plus satisfaisants pour les personnes honnêtes et dures au travail.

Vous n'êtes probablement pas fait pour les illusions avec les miroirs et la fumée.

«La prochaine fois, j'y arriverai.» Certains n'apprennent jamais. Vous devriez peut-être songer à faire de la politique, du droit, ou être vendeur de voitures d'occasion.

«À vrai dire, j'ai trouvé toute cette expérience plutôt stimulante.» On dit qu'une fois que le renard a goûté sa première poule, il n'en oublie jamais la saveur…

DANS LES PAGES D'UN MAGAZINE

Vous venez d'acheter un numéro d'un hebdomaire à grand tirage et vous l'avez rapporté chez vous. De quelle manière lisez-vous les différentes rubriques ?

1. Vous lisez le magazine en entier, dans l'ordre, de la première à la dernière page.

2. Vous sautez directement aux articles qui, *a priori*, vous intéressent et vous ne lisez que ceux-là.

3. Vous feuilletez les pages au hasard et lisez tout ce qui semble digne d'intérêt.

4. Tant que la présentation est la même, vous lisez les rubriques dans l'ordre qui vous est habituel.

SOLUTION

Votre hebdo combine les efforts d'un grand nombre d'écrivains, de créateurs, de photographes et de rédacteurs en chef offrant un large éventail d'opinions et de points de vue. C'est un omnibus d'expériences humaines, et la manière dont vous le lisez reflète votre attitude face à la diversité des choix. Plus particulièrement, la façon dont vous planifiez votre temps de lecture révèle l'approche qui est la vôtre pour gérer vos ressources, surtout votre argent.

1. Vous lisez le magazine en entier, dans l'ordre, de la première à la dernière page.

Vous savez exactement l'utilisation de chaque centime de votre argent. Ce n'est pas que vous soyez particulièrement concerné par votre budget ou par la planification de vos dépenses. Vous vous sentez tout simplement plus à l'aise lorsque vous savez à quoi vous en tenir. Vous détestez l'idée de manquer, alors vous gardez tous vos comptes en ordre et vous connaissez le solde actuel de votre compte courant, intérêts compris, bien sûr.

2. Vous sautez directement aux articles qui, *a priori*, vous intéressent et vous ne lisez que ceux-là.

Vous êtes un vrai panier percé. Si vous avez de l'argent, vous le dépensez pour acheter n'importe quoi, et vous vous dites : « J'ouvrirai un compte d'épargne le mois prochain », tout en utilisant votre dernier euro. Si vous êtes parvenu à économiser un tant soit peu, il n'est pas inhabituel que vous alliez retirer de l'argent au distributeur parce que vous n'avez rien d'autre à faire.

3. Vous feuilletez les pages au hasard et lisez tout ce qui semble digne d'intérêt.

Vous vous considérez comme économe. Certains diraient que vous êtes radin. Le fait est que vous ne dépensez pas votre argent avec frivolité ou ne gaspillez pas vos ressources, préférant mettre de côté en cas de pépin. Vous ne serez jamais un acheteur impulsif, et ne dépasserez jamais la limite de vos cartes de crédit en télé-achat. Ce ne serait peut-être pas une mauvaise idée, cependant, de parfois relâcher un peu les cordons de la bourse. Après tout, l'argent est là pour vous aider à bien vivre.

4. Tant que la présentation est la même, vous lisez les articles dans l'ordre qui vous est habituel.

Vous dépensez votre argent comme d'habitude, en dépit des changements qui prennent place dans votre vie. Si vous gagniez au loto, vous auriez du mal à arrêter de faire vos courses dans les boutiques de discount. De même, si vous êtiez surendetté, vous insisteriez pour porter des vêtements de marque. Les hauts et les bas de votre fortune vous laissent indifférent. Peut-être serait-il opportun de trouver un partenaire qui se chargerait de gérer les finances.

SOUS UN BEAU CIEL BLEU

Imaginez un ciel tout bleu, sans un nuage à l'horizon. Rien que d'y penser et déjà, votre moral est meilleur. Maintenant, imaginez-vous en train de regarder un paysage. Laquelle des scènes suivantes vous semble la plus calme et la plus relaxante ?

1. Une plaine blanche recouverte de neige.
2. Un bord de mer bleu.
3. Une montagne verte.
4. Un champ de fleurs jaunes.

SOLUTION

La couleur bleue a le pouvoir d'apaiser l'âme. Penser à du bleu peut ralentir le pouls et vous faire prendre une profonde inspiration. Les autres couleurs ont également une signification. La scène que vous avez imaginée, en contraste avec le beau ciel bleu, révèle un talent caché bien à l'abri dans les profondeurs de votre esprit paisible.

1. Une plaine blanche recouverte de neige.

Vous avez le bonheur de posséder une sensibilité particulière qui vous permet de comprendre les situations d'un seul coup d'œil et de déchiffrer les problèmes complexes sans avoir besoin de preuve ou d'explications. Vous avez en vous les qualités nécessaires pour devenir un décisionnaire lucide, et même des talents de visionnaire. Faites confiance à votre première intuition : elle vous guidera toujours bien.

2. Un bord de mer bleu.

Vous avez un don naturel pour les relations interpersonnelles. On respecte votre habileté à communiquer et la manière dont vous aidez divers groupes à se rapprocher. Grâce à votre présence, les autres travaillent de manière plus tranquille et plus efficace. Vous êtes par conséquent considéré comme un partenaire inestimable pour tout projet, ou au sein de toute équipe. Lorsque vous dites : « Bon boulot. Continuez comme ça », les gens savent que vous le pensez vraiment. Ce qui a d'autant plus d'importance pour eux.

3. Une montagne verte.

Votre talent est celui de la communication éloquente. Vous semblez toujours trouver les mots pour formuler vos émotions, et les autres se rendent rapidement compte que vous décrivez exactement les sentiments qu'ils ressentent aussi. On dit que la joie partagée est multipliée alors que le chagrin partagé est divisé. Vous avez le don d'aider les autres à trouver la partie de cette équation la plus appropriée à toute situation.

4. Un champ de fleurs jaunes.

Vous êtes une mine de connaissance et de créativité, débordant d'idées et votre potentiel est quasi infini. Si vous restez en harmonie avec les émotions des autres et si vous ne cessez de vous efforcer de construire vos rêves, rien ne subsistera que vous ne pourrez accomplir.

DANS LES PROFONDEURS

Toute aventure recèle une part de danger. C'est ce qui la rend si excitante et, parfois, irrésistible. Ce frisson, de nombreuses personnes dépensent volontiers de l'argent pour le ressentir, sans les risques physiques qui l'accompagnent. De là vient le succès du saut en chute libre ou de certaines attractions foraines comme les maisons hantées. Le goût du risque est en chacun de nous. Il peut d'ailleurs exercer une fascination si puissante que certains n'hésitent pas à mettre leur vie en jeu pour affronter un mystère ou explorer un nouveau monde. Lorsque, dans un film d'horreur, le héros s'apprête, par mégarde, à franchir le seuil d'une pièce plongée dans le noir, les spectateurs ont souvent envie de lui crier: «Non! N'y va pas! Es-tu tombé sur la tête?» Mais que feriez-vous si le héros, c'était vous?

Notre prochain scénario va nous entraîner dans ce monde obscur, où s'estompe la frontière entre le simple frisson et la véritable terreur...

1. Vous vous trouvez dans un vieux bâtiment où, depuis des années, aucun être humain n'a

mis les pieds. Ayant découvert un escalier qui mène au sous-sol, vous décidez de l'emprunter. Vous descendez lentement, en comptant chaque marche. Une... deux... trois... Combien y a-t-il de marches jusqu'en bas de l'escalier?

2. En bas, l'obscurité est totale. Soudain, vous entendez un bruit. Il y a quelqu'un. Cette personne pleure-t-elle doucement? S'agit-il plutôt d'une plainte diffuse? Ou est-ce une voix qui s'adresse à vous?

3. Quelle est votre réaction? Essayez-vous d'en trouver l'origine? Remontez-vous plutôt l'escalier en courant sans demander votre reste? Ou la terreur vous cloue-t-elle sur place?

4. Vous entendez maintenant qu'on vous appelle par votre prénom du haut de l'escalier. Une silhouette se profile dans la lumière. Qui est cette personne qui descend vers vous?

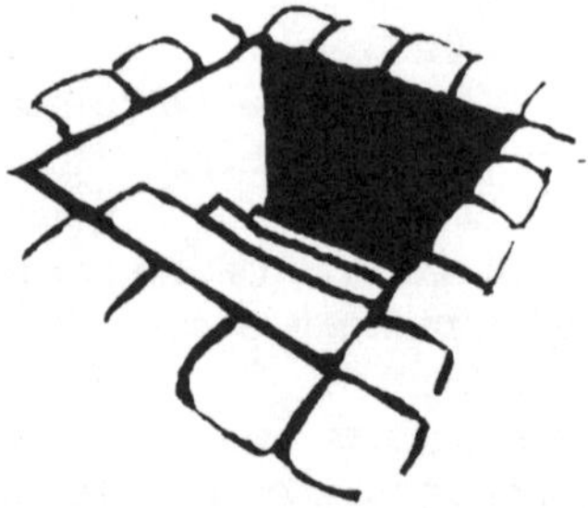

SOLUTION

Les maisons abandonnés et les pièces souterraines sont hautement symboliques de souvenirs enfouis et d'anciennes cicatrices psychologiques. Nous avons tous, un jour ou l'autre, vécu une expérience dont nous préférerions ne pas nous souvenir, ou eu un chagrin que nous pensions avoir oublié. Mais on ne bannit pas si facilement un événement de sa mémoire, et ce que nous espérions oublier demeure en nous plus longtemps que nous ne voudrions l'admettre. Vos réponses à cette situation mettent en lumière la façon dont vous gérez les souvenirs douloureux de votre passé.

1. Le nombre de marches pour atteindre le bas de l'escalier indique l'impact que produisent sur vous ces cicatrices psychologiques.

Peu de marches? Le passé ne vous fait pas beaucoup souffrir. En revanche, si vous avez décrit un escalier qui s'enfonce loin sous terre, c'est que vos blessures intérieures sont proportionnellement aussi profondes.

2. Les bruits entendus dans les ténèbres révèlent la manière dont vous avez surmonté les mauvaises expériences passées.

Si vous avez dit qu'il s'agissait de pleurs, vous avez dû recevoir aide et consolation quand vous aviez de la peine ; ce soutien vous a permis de vous en sortir. Vos larmes n'ont pas été versées en vain : grâce à la sollicitude dont vous avez été l'objet, vous avez pu devenir ce que vous êtes aujourd'hui.

Si vous avez dit qu'il s'agissait d'une plainte diffuse, c'est que n'avez reçu dans le passé aucune aide extérieure quand vous alliez mal. La plainte que vous entendez dans le noir symbolise votre propre douleur enfouie. Peut-être le temps est-il venu d'ouvrir la porte et de laisser entrer le soleil. Les choses sont beaucoup moins dramatiques à la lumière du jour.

Si vous avez entendu qu'une voix vous parlait, c'est que vous refusez de considérer vos vieilles cicatrices comme des blessures. Elles sont à vos yeux des marques de bravoure. « Ce qui ne nous tue pas, nous rend plus fort », a écrit Nietzsche. Voilà une maxime que vous semblez avoir apprise par cœur ! Faites attention, cependant, à ne pas vous endurcir au point de devenir insensible à ce que les autres ressentent.

3. Votre réaction aux bruits montre comment vous gérez les épisodes douloureux de votre passé.

Si vous êtes parti en quête de l'origine du bruit, il est vraisemblable que vous adoptez la même attitude responsable dans la vie. En prenant le taureau par les cornes, vous ne pourrez que trouver une solution à vos problèmes.

Si vous avez remonté l'escalier en vitesse, c'est que vous avez l'habitude de faire l'autruche : en ignorant les difficultés, vous espérez qu'elles disparaîtront. Parfois cela marche, mais ne soyez pas surpris si les problèmes demeurent plus longtemps que prévu. Il est quelquefois nécessaire d'affronter ses propres peurs.

Si vous êtes resté tétanisé sur place, cela signifie peut-être que, n'ayant pas été résolus dans le passé, certains conflits continuent de vous hanter aujourd'hui, vous empêchant d'aller de l'avant.

4. La personne qui se tenait en haut de l'escalier et vous appelait par votre prénom est quelqu'un sur qui vous pensez pouvoir compter en cas de coup dur. C'est elle qui, à vos yeux, vous réconfortera et vous aidera à guérir de vos blessures intérieures.

DANS LE SAC

Il nous arrive à tous de perdre des choses. Quelquefois nous ne nous rendons même pas compte que nous les avons égarées. Pensez à la dernière fois que vous avez perdu quelque chose : ce sentiment de frustration qui vous animait tandis que vous refaisiez le même chemin, examinant le sol, cherchant sous les meubles et passant au crible le contenu de votre poubelle. Souvenez-vous de votre sentiment de désespoir en vérifiant vos poches pour la cinquième fois consécutive au cas où vous l'auriez manqué. Les objets perdus ont tendance à rester perdus. Puis ils réapparaissent des mois après que vous ayez abandonné les recherches ou même que vous les ayez purement et simplement oubliés. Ce n'est pas en les cherchant qu'on trouve des portefeuilles tombés par inadvertance dans la rue ou des porte-monnaie oubliés dans un train. Si vous en trouvez un, c'est par hasard, alors que vous faisiez totalement autre chose.

Vous marchez dans la rue et tombez sur un attaché-case noir fermé. Il n'y a personne dans les environs et, lorsque vous l'ouvrez pour y chercher le nom du propriétaire, une liasse de billets de banque en sort. Quelle est votre première réaction à cette aubaine ?

1. « Génial, c'est mon jour de chance ! »
2. « Oh non ! Que vais-je faire maintenant ? »
3. « La nuit porte conseil. »
4. « C'est la volonté de Dieu. »

SOLUTION

Votre réaction en découvrant le sac plein d'argent montre comment vous réagiriez si une personne très belle vous demandait soudain de sortir avec elle.

1. « Génial ! C'est mon jour de chance ! »

Vous possédez une capacité enfantine à éprouver de la joie lorsque vous avez de la chance. Si plus de gens pouvait exprimer leur bonheur comme vous savez le faire, le monde serait un endroit meilleur.

2. « Oh non ! Que vais-je faire maintenant ? »

Il est normal de se sentir un peu incertain dans des moments pareils. Au final, c'est à vous de décider. Prenez votre temps et réfléchissez-y. Mais ne passez pas des heures à vous tordre les mains, ou quelqu'un d'autre pourrait passer par là et vous piquer votre bonne fortune sous le nez.

3. « La nuit porte conseil. »

Les décisions importantes devraient être prises l'esprit clair, après une bonne nuit de sommeil. On peut dire beaucoup de choses sur votre propension à bien regarder avant de sauter. Ne croyez-vous pas, cependant, qu'il serait agréable, une fois de temps en temps, de traverser la rue sans regarder à gauche et à droite ? Quelquefois, il est nécessaire de suivre son instinct, même si cela signifie prendre des risques inacceptables. Amour et danger vont main dans la main.

4. « C'est la volonté de Dieu. »

Soit vous ne prenez pas les interventions divines très au sérieux, soit sortir avec quelqu'un est pour vous une expérience divine.

UNE HISTOIRE DE CENDRILLON

Histoire de la souillon transformée en princesse, de celle dont les rêves sont devenus réalité, *Cendrillon* est un classique parmi les contes de fées de la littérature mondiale. De toutes les scènes de ce conte, laquelle vous a le plus marqué ?

1. Cendrillon martyrisée par sa méchante belle-mère.

2. Cendrillon transformée en une ravissante princesse par sa marraine la fée.

3. Cendrillon qui perd sa pantoufle de verre sur les marches du palais alors que sonnent les douze coups de minuit.

4. La scène où le prince la trouve enfin et lui chausse la pantoufle au pied.

SOLUTION

Pourquoi réagissez-vous si fort à la scène que vous avez choisie ? Une approche attentive du contenu de chaque scène montre que votre choix est lié à votre plus grande faiblesse de caractère ou à votre plus grand défaut.

1. Cendrillon martyrisée par sa méchante belle-mère.

Imaginer la pauvre Cendrillon en train de frotter les parquets tandis que sa belle-mère et ses demi-sœurs abusent d'elle évoque de forts sentiments de pitié. Mais sous la pitié se dissimulent des sentiments de supériorité et d'orgueil. Cette scène vous a marqué parce qu'elle vous a fait vous sentir mieux qu'un autre. C'est bien de pouvoir considérer les autres d'un œil attendri, mais prenez garde à ne pas toujours les regarder de haut.

2. Cendrillon transformée en une ravissante princesse par sa marraine la fée.

D'un coup de baguette magique, la marraine transforme sa filleule en une princesse enchanteresse et change son existence pour toujours. Dans la vraie vie, les choses ne sont pas aussi faciles à accomplir. L'absence de réalisme pour tout ce qui touche aux questions d'ordre pratique et le manque d'attention apporté aux plans et à leurs conséquences sont les défauts majeurs qui vous caractérisent. Vous semblez oublier qu'aucune fée vous attend pour vous tirer des mauvais pas.

3. Cendrillon qui perd sa pantoufle sur les marches du palais alors que sonnent les douze coups de minuit.

Cette scène vous a fortement marqué, car elle joue sur la façon dont vous dépendez des autres. Vous n'avez aucune difficulté à vous imaginer courant au son des douze coups de minuit, abandonnant derrière vous problèmes et questions sans réponses. À court terme, compter sur les autres pour arranger vos problèmes apparaît comme le meilleur moyen de vivre sa vie, mais un jour il faudra bien braver la tempête.

4. La scène où le prince la trouve enfin et lui chausse la pantoufle au pied.

Presque tout le monde aime les histoires qui se finissent bien, et vous en faites partie. C'est d'ailleurs là que réside le problème. Vous êtes trop aisément satisfait par la simplicité, la normalité, la moyenne. Tout ce que vous attendez de la vie, c'est un boulot moyen, un salaire moyen, des amis moyens, une famille, des enfants moyens... Approfondissez ce qui fait de vous un être unique et original. N'oubliez pas que vous êtes un individu à part entière, même si vous n'en avez pas l'impression.

ET ILS (NE) VÉCURENT (PAS SI) HEUREUX...

Les contes de fées se terminent bien. Du moins sont-ils censés bien se terminer. Mais que feriez-vous si la fin du conte ne se déroulait pas comme vous l'espériez ?

Imaginez-vous en Cendrillon. Vous vous tenez debout près du beau prince qui tente de chausser votre pantoufle égarée au pied de votre méchante et hideuse demi-sœur. Imaginez ensuite son sourire béat quand son pied se glisse sans effort dans la pantoufle. Elle lui va parfaitement ! Comment réagissez-vous à cette mauvaise surprise ? Décrivez en détail vos sentiments et ce que vous faites alors.

SOLUTION

Dans l'histoire, la pantoufle de verre représente le bien que Cendrillon considérait comme lui appartenant à elle, et à elle seule, pour toujours. Lorsque vous vous êtes imaginé à sa place, vous avez pris à votre compte les sentiments qui l'animaient. La manière dont vous avez réagi à la mauvaise surprise finale montre la réaction que vous auriez vis-à-vis d'un(e) rival(e) qui chercherait à vous voler votre partenaire. Nous aimons tous penser que notre partenaire nous appartient exclusivement. Il y a cependant de nombreuses manières d'exprimer ce sentiment. Qu'avez-vous fait pour récupérer ce qui vous appartenait de droit ?

« J'obligerai le prince à essayer aussi la pantoufle à mon pied. » Que vos partenaires regardent autour d'eux un peu avant de décider que vous êtes l'unique personne qui compte pour eux ne vous effraie pas. Votre confiance en vous est admirable, mais que ferez-vous lorsque le prince décidera qu'il y a des myriades de pieds auxquels il n'a pas essayé la pantoufle ?

«J'accepterai la tournure des événements comme un coup du sort, et je continuerai mon petit bonhomme de chemin.» Avoir de la patience est un signe de sagesse, mais quelquefois il est important de se battre pour garder ce qui nous appartient.

«J'attraperai la pantoufle en verre et je donnerai un bon coup sur la tête de mon horrible demi-sœur.» Cela peut faire du bien d'exprimer son ressentiment, mais le prince pourrait ne pas apprécier que sa sa future épouse soit impliquée dans un crépage de chignons.

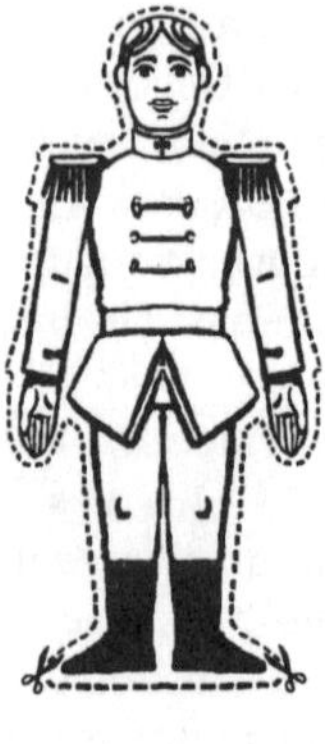

MONDE SAUVAGE

Lorsque nous voyons un tigre ou un léopard au zoo, nous ne pouvons nous empêcher d'avoir l'impression qu'il est un peu apprivoisé, comme si quelque chose de sa nature farouche avait été perdu. Même de grands animaux comme les éléphants ou les ours bruns peuvent donner l'impression d'être rabaissés lorsqu'ils sont en cage. C'est peut-être pour cela que les parcs de safari sont devenus si populaires. Observer des animaux sauvages dans leur habitat naturel a un impact bien plus important, et le frisson est d'autant plus fort que seule la vitre de votre voiture vous sépare du lion affamé.

Vous faites un safari et vous vous trouvez sur une route qui traverse la savane. Non loin de la piste, l'air affamé, un lion et une lionne se nourrissent, déchirant et dévorant des morceaux de viande crue. À quoi pensez-vous en regardant cette scène de pure sauvagerie ?

SOLUTION

Un safari vous permet d'observer à distance et en toute sécurité la vie sauvage et dangereuse. Dans cette scène, les lions qui se nourrissent représentent le déchaînement de la nature. Votre réaction montre comment vous réagissez (ou réagiriez) en visionnant pour la première fois une vidéo pour adultes.

Qu'avez-vous répondu ?

1. « Wouaou ! Regardez-les ! Ça me donne faim, à moi aussi. » Il n'est pas vraiment nécessaire de faire un dessin, n'est-ce pas ?

2. « Je ne veux pas regarder ça. C'est dégoûtant. » Personne n'a dit que ce serait joli à voir.

3. « J'ai peur. » Il est naturel d'avoir un peu peur, mais vous êtes en sécurité tant que vous restez de ce côté-ci de la vitre.

4. « Donnez-leur un peu d'intimité ! » Vous êtes vraiment quelqu'un de bien, mais êtes-vous certain de ne pas vouloir regarder juste un petit peu plus longtemps ?

APPEL NOCTURNE

En nous endormant, nous pénétrons ce que l'on pourrait appeler un autre monde, aussi éloigné du monde éveillé que n'importe quelle étoile lointaine. Dans cet espace lointain, même les voix et les bruits familiers nous paraissent étrangers et bizarres. C'est un monde complètement différent de celui où nous passons nos heures éveillées, un monde où l'esprit est libre de vagabonder.

Vous êtes allongé dans votre lit, et vous vous trouvez quelque part dans cette zone embrumée qui oscille entre conscience et sommeil – lorsque le téléphone sonne. Vous faites un effort surhumain pour atteindre l'appareil, presque comme si vous deviez vous déplacer sous l'eau. Vous parvenez maladroitement à mettre l'écouteur dans le bon sens afin de bien entendre et bien parler, et vous marmonnez : « Allo ? ». Qui vous appelle et que vous dit cette personne ?

SOLUTION

Être brusquement tiré de son sommeil est déroutant et, parfois, source de frayeur. Il est naturel de se tourner instinctivement vers les autres pour être aidé lorsque l'on se sent désorienté ou effrayé. Aussi, même si cet appel téléphonique est la cause de votre trouble, la voix que vous entendez est, en vérité, celle d'une personne sur laquelle vous comptez dans l'adversité.

Quel nom avez-vous donné et quels mots de réconfort à votre intention cette personne a-t-elle employés ?

Était-ce une voix familière qui vous disait : « Bonjour ! C'est ta mère. Pourquoi ne m'appelles-tu jamais ? » On peut toujours compter sur sa mère pour téléphoner comme ça…

Ou bien était-ce tout simplement un ami qui appelait sans raison particulière ? Quelquefois, c'est le meilleur moyen d'être rassuré quand on a peur.

OBSERVATION DE BALEINES

Vous vous trouvez sur le pont d'un petit bateau qui vous a emmené en pleine mer pour observer les baleines. Le grand océan bleu s'étale à perte de vue tout autour de vous. Les embruns salés mouillent votre visage tandis que vous vous penchez au-dessus du bastingage pour tenter d'apercevoir ces mystérieuses créatures des profondeurs. Les voici ! Une famille de baleines a fait surface non loin du bateau.

Laquelle des phrases ci-dessous décrit le mieux cette famille ?

1. Un bébé baleine qui nage derrière sa gigantesque mère.

2. Un baleineau blotti contre le ventre de sa mère.

3. Un père et une mère baleines nageant avec leur petit.

4. Un bébé baleine lançant un jet d'eau qui part nager tout seul de son côté.

SOLUTION

La baleine est une représentation commune de l'archétype de la « grande mère » jungienne. La relation que vous avez imaginée entre les baleines de cette scène est liée aux sentiments que vous éprouvez par rapport à la relation que vous entretenez avec votre propre mère.

1. Un bébé baleine qui nage derrière sa gigantesque mère.

Le rôle que votre mère joue dans votre vie est d'une importance quasi écrasante. Influence-t-elle encore vos actes et vos pensées aujourd'hui alors que vous avez atteint l'âge adulte ? Ce serait peut-être une bonne idée de couper le cordon et de voler de vos propres ailes. Après tout, votre mère ne vous a pas élevé pour que vous soyez un enfant toute votre vie.

2. Un baleineau blotti contre le ventre de sa mère.

Vous avez soif d'affection et de contacts physiques. Il est naturel et normal d'avoir besoin de chaleur humaine, mais chez vous cette nécessité est plus forte que chez les autres. Les hommes qui ont donné cette réponse devraient s'attacher tout particulièrement à ce que leur partenaire ne joue pas le rôle de mère par intérim. Jouer au petit garçon de sa maman n'est pas la meilleure façon de mener une relation d'adulte.

3. Un père et une mère baleines nageant avec leur petit.

Vous appréciez de manière égale les rôles maternel et paternel (le père est souvent oublié dans ce genre de scène imaginaire). Lorsque vous étiez enfant, votre vie familiale devait sûrement être heureuse et sécurisée sur le plan affectif, avec pour résultat cette vision équilibrée que vous avez de l'existence.

4. Un bébé baleine lançant un jet d'eau qui part nager tout seul de son côté.

Vous êtes devenu autonome et vous êtes sur la bonne voie pour atteindre votre maturité réelle en tant qu'individu. Cependant, votre insistance pour être vous-même peut parfois donner l'impression que vous êtes volontaire, têtu, voire égoïste. Faites attention à ce que votre individualisme ne vous mette pas à dos les gens de votre entourage.

FAIRE TOURNER UN BALLON SUR LE MUSEAU

Les êtres humains ne sont pas les seuls artistes du royaume animal. Nous avons tous vu les numéros des chevaux au cirque, les ours qui font des galipettes, et les cabrioles des chimpanzés sur les tricycles. Puis il y a les stars du monde aquatique : les dauphins, les orques, sans oublier les otaries.

Vous êtes une otarie dans un spectacle de parc aquatique, effectuant une représentation à guichets fermés. À quoi pensez-vous face à cette foule, alors que vous faites tourner votre ballon et attendez le prochain seau rempli de poissons de votre maître ?

SOLUTION

Les animaux qui font des tours dans un spectacle effectuent une sorte de travail forcé, et n'ont pas le droit de s'arrêter au beau milieu. Les pensées que vous avez exprimées correspondent aux sentiments qui sont les vôtres à l'égard de votre propre travail. Les choses que vous vous êtes dites sont celles auxquelles vous pensez vraiment quand vous travaillez. Qu'avez-vous dit ?

1. « Qui pourrait croire que ces idiots dépensent leur argent pour voir ce spectacle ? » Vous seriez surpris de connaître ce que valent vos efforts en termes de distraction pour un observateur extérieur.

2. « Hé, mec, pourquoi pas un peu de saumon la prochaine fois ? Si je dois manger une autre sardine, je crois que je vais vomir. » Réfléchissez à ce que vous avez dit, organisez votre pensée, et dites-le à votre patron la prochaine fois qu'une augmentation de salaire sera à l'ordre du jour. La roue qui grince sera huilée.

3. « Il n'y a rien de plus humiliant. J'ai du mal à croire que je fais ça devant tout le monde. » Qu'avez-vous dit ? Peut-être devriez-vous trouver un petit boulot peinard et sans enjeu.

PLANTER DES GRAINES

L'esprit humain adore les défis. Le désir de nous surpasser est peut-être le secret de notre succès en tant qu'espèce. Chaque science a vu le jour par le biais d'études ardues et d'expériences ratées. Et la personnalité humaine est le produit d'un besoin inné de créer quelque chose d'unique à partir d'une expérience individuelle à l'état brut. Ce besoin de relever des défis est si fort que quelquefois nous rendons les choses plus difficiles qu'elles ne le sont, juste pour nous montrer à la hauteur de la situation et surmonter les obstacles que nous nous sommes inventés.

Vous êtes un scientifique éminent et vous avez développé une nouvelle espèce de plante. Vous avez passé des heures dans votre labo à expérimenter et maintenant tous vos efforts commencent à aboutir. Comme test ultime de la vigueur de votre création, vous plantez cent graines de cette nouvelle plante dans un désert inhospitalier.

Combien de plantes fleurissent ? (Donner un chiffre compris entre 0 et 100.)

SOLUTION

Le nombre que vous avez donné est directement lié au niveau de confiance que vous avez en vous-même. Dans cette histoire, le scientifique symbolise les sentiments de confiance et même d'orgueil. D'un autre côté, le désert hostile représente le défi difficile ou le test, et suscite donc des sentiments de doute et d'incertitude. Les personnes qui ont donné un chiffre élevé ont de plus grandes affinités avec le scientifique et possèdent un taux élevé de confiance en soi. Celles qui ont répondu par des chiffres plus bas ont senti que le défi était trop difficile et ont donc moins confiance en elles.

99-100. C'est peu de dire que avez une grande confiance en vous. Un meilleur terme pourrait être vaniteux. C'est sûr, il est important de croire en soi, mais vous avez tendance à écarter les défis des autres. N'oubliez pas qu'accepter ses propres faiblesses est l'un des véritables signes de puissance.

81-98. Vous débordez de confiance en vous et en vos capacités, mais d'une certaine façon cela ne transparaît pas comme de l'arrogance. Votre entourage le ressent comme une certitude tranquille, ce qui fait de vous un meneur naturel où que vous alliez.

61-80. Peut-être que la meilleure manière de vous décrire est optimiste prudent. Vous espérez que le meilleur arrivera, mais vous êtes préparé au pire. Grâce à cette philosophie réaliste vous restez ancré dans la réalité alors que d'autres auraient tendance à rester la tête dans les nuages.

41-60. Votre confiance en vous est dans la moyenne, ni trop suffisante, ni trop mal assurée. Peut-être recherchez-vous toujours ce en quoi vous êtes le meilleur, ou peut-être respectez-vous les difficultés qui se dressent devant vous. Croyez en vous-même et le monde suivra.

21-40. Même si vous ne doutez pas entièrement de vos capacités, vous tendez à surestimer les défis que vous devez surmonter. Vous vous résignez peut-être tout simplement aux faits, mais votre vision pessimiste affecte la manière dont les gens vous considèrent. La seule façon d'inspirer la confiance aux autres, c'est d'en avoir soi-même.

1-20. C'est une chose d'être humble, mais vous devez chercher à développer un meilleur sens de votre valeur. Il n'y a pas de mal à croire que vous pouvez accomplir de grandes choses et, avec un peu de travail, vous y arriverez. N'oubliez pas : la seule chose qui vous retient, c'est vous.

0. Ce qui apparaît comme un manque total de confiance en vous est, en réalité, un signe d'orgueil perfectionniste. Vous ne pouvez tolérer l'idée que l'on prouve que vous ayez tort ou même de faire la moindre erreur. Aussi, vous faites semblant que tout soit trop dur pour vous. Si vous n'apprenez pas à affronter vos peurs, vous parviendrez effectivement à faire croire au monde que vous êtes un bon à rien. En revanche, vous saurez au fond de vous que vous n'avez jamais même essayé.

LES FRAISES VOLÉES

Tout le monde aime les personnes gentilles et, pour la plupart, nous essayons de l'être. Comment se fait-il alors que si peu de gens parviennent à être charmants tout le temps ? Nous avons beau essayer, il y a toujours des jours pourris et des moments de faiblesse où l'on préfère être mauvais. Que ce soit conduire trop vite sur l'autoroute, tricher à un examen, ou « vider » une boîte de stylos au bureau, nous avons tous accompli des actions dont nous ne sommes pas fiers et que nous ne pouvons justifier. Pour devenir des êtres vraiment bons, la clé est d'accepter nos défauts et d'admettre que nous ne sommes pas parfaits, et non pas d'essayer de nous comporter comme des saints alors que le diable, perché sur notre épaule, nous murmure à l'oreille. Il nous arrive à tous de succomber à la tentation.

Mais dans le prochain scénario vous pourriez être pris… la main dans le sac.

1. Vous vous promenez à la campagne et vous voyez un champ où poussent d'appétissantes

fraises. Votre estomac gargouille, et il n'y a personne dans les environs. Seule une barrière se dresse entre vous et ce déjeuner gratis. À quelle hauteur se trouve la barrière ?

2. Vous allez dans le champ et mangez des fruits. Combien en mangez-vous ?

3. Soudain le fermier à qui vous volez les fraises surgit de nulle part et se met à crier. Que dites-vous pour vous défendre ?

4. Une fois que tout est dit et fait, comment jugez-vous la saveur des fraises ? Et en y repensant, comment vous êtes-vous senti après avoir volé les fraises ?

SOLUTION

Les fraises – au goût séduisant et à la couleur rouge – sont un symbole commun d'attirance sexuelle et de désir. La façon dont vous avez envisagé ce scénario nous éclaire sur votre attitude face aux liaisons extraconjugales et à l'amour volé.

1. La hauteur de la barrière autour du champ mesure le degré de votre maîtrise de soi et de résistance à la tentation sexuelle. Plus haute est la barrière, plus grandes sont vos propres défenses. Ceux qui ont imaginé un champ entièrement fermé font preuve d'une retenue remarquable. Ceux qui n'ont évoqué qu'une ficelle autour de piquets montant jusqu'au genou courent un risque plus élevé que la moyenne d'être brûlés par les flammes de l'amour.

2. Le nombre de fraises que vous avez dit que vous voleriez correspond au nombre de personnes que vous estimez pouvoir aimer (ou désirer) à tout moment. Si vous avez dit que vous vous arrêteriez après avoir mangé une

seule fraise, vous êtes susceptible d'être fidèle dans votre vie amoureuse (ou d'avoir des séries de liaisons monogames). Ceux qui ont donné un chiffre situé dans les dizaines devraient peut-être songer sérieusement à mettre un frein à leur libido. Personne ne peut maintenir un tel rythme.

3. Les excuses que vous avez données au fermier montrent comment vous vous défendriez si vous étiez pris dans une affaire d'adultère. Quelle était votre excuse ?

« Je suis désolé. Je promets de ne jamais recommencer. » Quelquefois, une confession complète assortie d'une promesse de bien se comporter constitue la meilleure façon de s'en sortir.

« Elles avaient l'air si bonnes, je n'ai pas pu m'en empêcher. » Certes, mais en réalité vous vous êtes servi… des fraises d'un autre. Néanmoins, l'honnêteté est la meilleure des politiques.

« Ces fraises étaient délicieuses. Cela vous dérangerait-il si j'en prenais deux de plus ? » Les fermiers ont des fusils. Les époux ont des avocats. Heureusement, vous avez encore la possibilité de dire autre chose…

4. Votre description de cette expérience et du goût des fraises donne un aperçu de la manière dont vous imagineriez vos sentiments en repensant à cette aventure.

« En réalité, elles n'étaient pas aussi bonnes qu'elles en avaient l'air. » Tout cela n'en valait pas vraiment la peine. Fait avéré pour la plupart des aventures. Mettez ça sur le compte de l'expérience et passez à autre chose.

« Si sucrées ! Si juteuses et délicieuses ! Je n'ai jamais rien goûté d'aussi bon ! » Il n'y a pas d'autre façon de le dire : vous êtes un drogué de l'amour.

« Ces fraises n'étaient pas extraordinaires, mais toute cette aventure était plutôt drôle. » D'un point de vue statistique, vous appartenez au groupe qui a le plus de probabilités de récidiver.

SURPRIS PAR LA PLUIE

Impossible de tout prévoir dans la vie. Il nous arrive constamment d'être pris par surprise, d'avoir des urgences imprévues, des catastrophes qui nous tombent dessus – sans que nous ayons pu nous y préparer psychologiquement. Les surprises de toutes sortes peuvent être stressantes – une proposition inattendue tout comme une rupture soudaine. Il existe trop de choses que nous ne pouvons prévoir ou contrôler : c'est une des raisons qui nous poussent à développer des habitudes et des modèles à suivre.

Vous marchez dans la rue quand soudain une pluie torrentielle se met à tomber. Même en courant à toutes jambes, vous vous trouvez à cinq minutes de votre destination. Laquelle des quatre propositions suivantes décrit le plus précisément votre choix d'action ?

1. Je trouve un abri ou un arbre pour me protéger et j'attends que la pluie s'arrête.

2. Ne sachant pas combien de temps il continuera de pleuvoir, je cours jusqu'à ma destination aussi vite que possible.

3. Voyons s'il n'y a pas quelqu'un dans le coin qui soit prêt à me laisser une petite place sous son parapluie, ou bien un magasin où je pourrai m'en acheter un.

4. J'emporte toujours un parapluie pliant dans mon sac lorsque je sors, alors je vais m'en servir.

SOLUTION

Comment avez-vous réagi à cette soudaine averse ? La pluie représente les forces incontrôlables et imprévisibles de la vie. Votre réponse montre surtout comment vous réagissez lorsqu'une dispute éclate entre vous et un être aimé ou un ami.

1. Je trouve un abri ou un arbre pour me protéger et j'attends que la pluie s'arrête.

Vous êtes du genre à patienter jusqu'à ce que l'autre personne se calme avant d'essayer de mettre un terme à votre différend. Vous préférez laisser les autres s'énerver jusqu'à ce qu'ils aient éclusé leur trop-plein de colère, puis vous leur faites valoir votre point de vue calmement et objectivement. D'aucuns diraient que c'est une approche intelligente, d'autres qu'elle est sournoise.

2. Ne sachant pas combien de temps il continuera de pleuvoir, je cours jusqu'à ma destination aussi vite que possible.

Le résultat final d'une dispute vous importe moins que de dire ce que vous avez sur le cœur.

Vous êtes sûr d'avoir raison et il n'est pas nécessaire d'en débattre. L'idée de donner et de recevoir n'entre pas dans votre tactique. Si la colère de l'autre personne empire, la vôtre suit le même chemin. Si elle se met à crier, vous hurlez. Ce n'est donc pas très drôle de se disputer avec vous, mais au moins il est aisé de savoir ce que vous pensez d'un problème.

3. Voyons s'il n'y a pas quelqu'un dans le coin qui soit prêt à me laisser une petite place sous son parapluie, ou bien un magasin où je pourrai m'en acheter un.

Peu amateur de conflits ou de confrontations, vous essayez de calmer le jeu et d'apaiser l'autre dès qu'une dispute éclate. Malheureusement, cela ne fait qu'aggraver la situation. Il est peut-être important pour vous de prendre position et d'essuyer une tempête de temps à autre.

4. J'emporte toujours un parapluie pliant dans mon sac lorsque je sors, alors je vais m'en servir.

Vous pensez avoir la réponse à toute accusation, la justification de toute faute. Se disputer, c'est peut-être tout simplement l'occasion pour vous d'aiguiser vos talents d'orateur, mais vous donnez aux autres l'apparence d'être quelqu'un de fuyant, de frustrant – quelqu'un qui manque de sincérité. Mais bien sûr, vous avez sans doute une bonne explication à tout cela également.

EMPORTÉ PAR LA BRISE

Pouvez-vous encore vous souvenir de ces longues journées d'été lorsque l'école était finie ? Vous n'aviez plus de responsabilités et il n'y avait rien d'autre à faire que se laisser vivre du réveil au coucher. Il y avait du temps pour jouer et pour inventer des aventures, du temps pour rêver éveillé et pour vagabonder. Des heures dévolues aux divertissements de l'enfance : faire voler des cerfs-volants, regarder passer les nuages dans le ciel, souffler des bulles de savon.

Imaginez-vous en été, un jour de votre enfance. Vous soufflez des bulles de savon dans un champ. Quelle phrase décrit le mieux la scène que vous imaginez ?

1. Les bulles que vous soufflez s'envolent haut dans le ciel.

2. Vous soufflez des centaines de minuscules bulles à travers votre anneau en plastique.

3. Vous vous concentrez pour souffler une seule grosse bulle.

4. Les bulles que vous soufflez sont emportées derrière vous dans la brise.

SOLUTION

Les bulles transparentes et miroitantes que vous soufflez dans votre imagination symbolisent vos espoirs et de vos rêves. La scène que vous avez décrite révèle ce que vous pensez des rêves dont vous espérez qu'un jour ils se réaliseront.

1. Les bulles que vous soufflez s'envolent haut dans le ciel.

Vos propres rêves vous semblent insaisissables et inatteignables, ils s'envolent loin de vous comme des bulles de savon emportées par le vent. Peut-être souhaitez-vous trop de choses, trop vite, ou êtes-vous pris dans une fantaisie impossible. Quel que soit le cas, l'abîme entre vos rêves et la réalité est grand. Même si vous parvenez à raconter aux autres vos principaux projets d'avenir, quelque part, au fond de vous, une petite voix vous rappelle votre fragilité et combien vos rêves sont éphémères.

2. Vous soufflez des centaines de minuscules bulles à travers votre anneau en plastique.

Vous souhaitez des choses accessibles sur-le-champ – de nouveaux habits, une voiture, un ou une petite amie. Vos rêves sont réalistes et toujours à même d'être réalisés. Décidez ce que vous voulez le plus au monde, attelez-vous à la tâche et faites tout pour l'obtenir. Si vous poursuivez tous les lièvres à la fois, vous courez le risque de vous retrouver les mains vides.

3. Vous vous concentrez pour souffler une seule grosse bulle.

Vous avez un rêve unique et important, ou bien une ambition qui est votre unique raison de vivre. Tenez bon et persistez afin d'atteindre ce but. Avec le temps, vous verrez qu'il sera à portée de main.

4. Les bulles que vous soufflez sont emportées derrière vous dans la brise.

Les expériences décevantes que vous avez eues avec des espoirs et des rêves qui ne se sont pas réalisés modèlent votre façon de voir le monde aujourd'hui. Mais chercher à réaliser des rêves sans y parvenir était tout simplement de l'entraînement puisque vous vous créez d'autres buts pour l'avenir. N'ayez pas peur de continuer de rêver – ceux qui ne ratent rien sont ceux qui n'ont jamais essayé.

LE STRICT NÉCESSAIRE

Il y a quelques objets de tous les jours que nous gardons dans nos poches ou dans notre sac à main presque chaque fois que nous sortons de chez nous : portefeuille, clés, carte d'identité, cartes de crédit. L'intérieur de nos sacs ou de nos poches est comme l'intérieur de nos têtes : nous transportons avec nous pratiquement les mêmes choses, mais chaque sac, chaque poche possède un petit truc qui le (ou la) rend unique.

Vous êtes sur le point de partir de chez vous pour la journée et vous prenez vos affaires. Mis à part le strict nécessaire, qu'emportez-vous également ?

1. Votre agenda-organiseur ou votre carnet d'adresses.

2. De la laque ou du gel moussant.

3. Un porte-bonheur.

4. Un bonbon ou un chewing-gum.

SOLUTION

Que voulez-vous toujours avoir à portée de main ? Ce que vous avez choisi d'emporter est quelque chose dont l'absence vous rendrait un peu mal à l'aise. Votre choix met l'accent sur un aspect de votre personnalité qui vous rend peu sûr de vous.

1. Votre agenda-organiseur ou votre carnet d'adresses.

Vous ne pouvez pas faire confiance à votre mémoire. Les numéros de téléphone, les dates d'anniversaires, les rendez-vous passent dans votre tête comme de l'eau dans une passoire. Vous ne faites pas exprès d'oublier les choses. Pourtant, elles ne parviennent pas à rester dans votre mémoire et vous finissez par vous excuser – encore une fois – d'avoir oublié la date de votre anniversaire de mariage. Peut-être est-ce une bonne idée de garder votre carnet d'adresses avec vous tout le temps. Mais, au fait, vous souvenez-vous de l'endroit où vous l'avez mis ?

2. De la laque ou du gel moussant.

L'apparence est essentielle à vos yeux. L'attention au détail signifie que vous avez toujours l'air bien et êtes prêt à toute éventualité. Parfois, vous exagérez. Souvenez-vous, avoir les cheveux sales n'est pas une excuse pour ne pas aller travailler.

3. Un porte-bonheur.

Vous croyez fermement à votre propre malchance! Les files d'attente aux autres caisses avancent toujours plus vite que celle où vous vous trouvez, votre tartine atterrit toujours du côté de la confiture. Les choses ne vont jamais comme vous le voulez, et vous l'avez remarqué. Comment ne pas le constater, d'ailleurs? Cela ne veut pas dire pour autant que vous soyez superstitieux, mais vous vous sentez un peu plus à l'aise avec votre porte-bonheur personnel, que ce soit un trèfle à quatre feuilles, une médaille de Saint-Antoine, ou juste une paire de chaussettes à laquelle vous êtes attaché.

4. Un bonbon ou un chewing-gum.

Ce qui vous inquiète c'est de ne pas craquer dans votre régime. Manger un demi-litre de glace au chocolat le lendemain du jour où vous avez commencé votre nouveau régime, ouvrir le réfrigérateur chaque fois que vous passez devant juste «pour vérifier». Votre appétit remplit plus votre esprit qu'il ne remplit votre estomac. Garder sur vous quelques bonbons à la menthe ou une barre chocolatée, vous permet de vous sentir en sécurité. Quoi qu'il se passe au cours de la journée, une chose est sûre: vous ne mourrez pas de faim.

ODEUR DE POISSON

Quand il s'agit de se détendre hors de chez soi, peu d'activités ont autant d'attrait que la pêche à la ligne. Chaque week-end, quel que soit le temps, des pêcheurs passionnés retrouvent leur coin préféré, rejoints par ceux qui viennent pour la première fois et sont curieux du résultat. Peu de passe-temps peuvent se prévaloir du nombre de mordus que la pêche regroupe. Quel peut être le secret de cet engouement ?

Vous êtes à la pêche pour la journée et vous attrapez quelque chose. Tandis que vous remontez votre ligne, le poisson frétille et vous frappe. Quelle partie de votre corps atteint-il ?

SOLUTION

Le poisson que vous avez attrapé a effectué ce qui pourrait être interprété comme une ultime contre-attaque. L'endroit que vous avez imaginé qu'il touchait est une partie de votre corps que vous voulez particulièrement protéger. Une des vérités de la psychologie est que nous fantasmons souvent que les choses que nous voulons à tout prix dissimuler seront découvertes, et que ce que nous voulons protéger sera attaqué. Alors, la partie du corps que vous avez citée est un endroit à l'égard duquel vous êtes incertain ou sensible.

Était-ce votre visage ? Regardez-vous dans un miroir. Pourquoi ne pas sourire plus souvent ?

Était-ce votre estomac ? Peut-être votre inconscient vous conseille-t-il de mettre un frein sur les gâteaux.

Était-ce quelque part entre les jambes ? Eh bien, nous sommes tous très sensibles de ce côté-là…

BIENVENUE DANS MON PARLOIR

Dans l'inconscient humain, les araignées occupent une position de crainte et de respect qui est complètement disproportionnée par rapport à leur taille minuscule. Peut-être est-ce à cause de leur talent pour tuer, de leur patience lorsqu'elles attendent ou de leur habileté à tisser des toiles tortueuses pour attraper leur proie ? Quelle qu'en soit la raison, les araignées provoquent en chacun de nous un puissant mélange de sentiments.

Imaginez que vous êtes une araignée, installée au milieu d'une grande toile que vous avez tissée.

Vous aurez besoin d'une feuille de papier et d'un crayon pour ce jeu.

1. Dessinez votre toile, puis le nombre et le genre d'insectes différents que vous avez attrapés.

2. Vous vous déplacez pour dévorer l'une de vos proies, mais elle parvient à se libérer de la toile et s'échappe. Alors qu'il prend la poudre d'escampette, l'insecte chanceux vous parle. Quels sont ses mots d'adieu ?

SOLUTION

L'araignée est l'un des grands chasseurs du monde de la nature. Les impressions de votre vie en tant qu'araignée mettent en lumière la manière dont vous voyez votre expérience en tant que chasseur dans le monde sauvage de l'amour.

1. Le nombre et le type d'insectes correspondent à vos conquêtes amoureuses. La toile représente vos stratégies et vos techniques pour attirer les autres dans vos étreintes, tandis que le genre d'insectes reflète votre opinion sur de précédentes conquêtes. Était-ce une seule mouche commune ? Un joli papillon qui vous a laissé sur votre faim ? Une grosse chenille bien juteuse ? Ou bien une masse de moustiques et de vers peu appétissants qui se tortillent en attendant votre approche ? Certaines araignées mangeraient n'importe quoi…

2. Les mots d'adieu de l'insecte qui s'est sauvé se rapportent aux souvenirs de rejet lors d'une conquête ratée. Soyons objectifs, nous avons tous été plaqués à un moment ou à un

autre de notre vie. Ce jeu dévoile les mots qui ont fait mouche.

« Tralalère ! Tu ne m'attraperas jamais, vieille araignée toute moche ! » Aïe !!!

« Tu auras plus de chance la prochaine fois ! » Bon, eh bien, merci pour tes mots d'encouragement en tout cas.

« Hip hip hip, hourrah ! Je suis libre ! Libre ! » D'accord, tu es libre. Mais essaie de pas avoir l'air si heureux, d'accord ?

VOUS ÊTES JUGE

Le coup de marteau, les avocats rusés à l'humour si semblable, le silence qui se fait au moment où le verdict tombe – il y a peu de décors de cinéma plus dramatiques qu'une salle de tribunal. C'est une bataille d'esprits, pleine de suspense, où la ligne de démarcation entre le bien et le mal est souvent brouillée et les liens entre la loi et la justice se perdent au cours d'une bataille.

Si vous étiez acteur et que vous deviez jouer un personnage dans une salle de tribunal, lequel des rôles suivants endosseriez-vous ?

1. L'avocat.
2. Le détective.
3. L'accusé.
4. Le témoin.

SOLUTION

En termes psychologiques, l'acteur est associé à votre *persona* social (en latin, « masque »). C'est le visage que vous arborez pour affronter le monde extérieur. Imaginer que vous êtes un acteur vous donne la liberté de jouer le rôle de la façon dont vous vous voyez vraiment. Et la salle de tribunal ajoute intensité et excitation à cette scène. Le rôle que vous vous êtes attribué révèle comment vous réagissez habituellement à une crise.

1. L'avocat.

Vous montrez du sang-froid dans les moments de crise et vous laissez rarement les autres vous voir transpirer. Mais vous avez également un autre visage qui n'apparaît qu'en cas d'intense pression : un lutteur au sang chaud, capable d'oublier sa retenue et qui explose quand la situation l'exige. Cette combinaison de résolution flegmatique et de passion fiévreuse vous permet de surmonter la situation la plus désespérée.

2. Le détective.

Vous n'êtes pas du genre à vous laisser emporter par le chaos et la confusion et vous gardez toujours la tête froide alors qu'autour de vous les autres cèdent à la panique. Les gens sentent et respectent cette imperturbabilité et se tournent vers vous pour être aidés lorsqu'ils se trouvent en situation de détresse. Les ennuis semblent par conséquent vous suivre, mais vous n'avez que faire de ce stress additionnel. D'ailleurs, il vous rend encore plus calme.

3. L'accusé.

À première vue, vous semblez dur et imperturbable, mais sous la surface il vous manque ce qu'il faut pour mener vos batailles à leur terme. Quand les choses deviennent dures, vous perdez votre temps à anticiper et à vous juger au lieu de vous concentrer sur le problème qui vous occupe. Il est de votre intérêt de vous allier à quelqu'un qui gère les choses de manière plus pratique.

4. Le témoin.

Vous pouvez avoir l'air coopératif et prêt à aider dans toute situation, mais votre flexibilité et votre envie de plaire font de vous la source d'une autre sorte de problèmes. En essayant de vous entendre avec tout le monde tout le temps, vous finissez par devenir inconsistant et même quelqu'un sur qui on ne peut pas compter. Ne vous inquiétez pas tant de savoir si vos déclarations rendent les gens heureux ou mécontents, la seule chose que vous ayez à prouver, c'est vous-même.

CHUCHOTEMENTS DANS L'OBSCURITÉ

Lorsque nous pensons à une chauve-souris, la première image qui nous vient à l'esprit évoque des caves obscures, des cieux nocturnes et des monstres suceurs de sang. Mais bien qu'elles soient l'objet de beaucoup de craintes et de superstitions, les chauve-souris ont un autre côté secret, car malgré leurs ailes, ce sont des mammifères comme nous qui élèvent et allaitent leurs petits avec affection. En dépit de leur air féroce, elles ont une société plus paisible que la nôtre. Alors, la prochaine fois que vous en verrez une voleter au-dessus de votre tête, il se pourrait bien qu'elle vous regarde avec la même fascination et la même frayeur que vous.

Vous êtes égaré dans une caverne profonde et vous marchez dans un labyrinthe de tunnels sinueux. Alors que vous cherchez le moyen de retourner à la surface, une chauve-souris vole jusqu'à vous et vous murmure quelque chose à l'oreille... Que vous dit-elle ?

1. Je sais où est la sortie.
2. Laisse-moi t'aider.
3. Continue de chercher.
4. Tu n'arriveras jamais à sortir d'ici.

SOLUTION

Dans ce scénario, la chauve-souris magique symbolise conseils et aide pour ceux qui sont perdus et en difficulté. En imaginant ce que la chauve-souris pourrait vous dire, vous révélez la manière que vous avez de répondre à ceux qui ont besoin d'être aidé.

1. Je sais où est la sortie.

Vous avez tendance à jouer la mouche du coche et à être un Monsieur ou une Madame je-sais-tout. Il va sans dire que vous êtes toujours prêt à donner un coup de main ou un conseil, mais parfois vous essayez d'aider quand ce n'est pas nécessaire, et on finit par vous prendre pour quelqu'un qui veut toujours fourrer son nez partout.

2. Laisse-moi t'aider.

Votre noble cœur et votre absence d'égoïsme servent d'exemples éclatants pour les autres. Les gens sentent votre force et votre affection, et sont réconfortés rien qu'à l'idée de vous savoir dans le coin quand un problème surgit.

3. Continue de chercher.

Vous gardez vos distances par respect pour l'espace vital des autres. Ce n'est pas que vous soyez peu serviable, mais vous vous limitez toujours au minimum lorsqu'on vous demande votre avis et généralement vous encouragez les autres à se débrouiller seuls. Ce principe de non-intervention s'avère peut-être la meilleure approche à long terme pour aider les autres à atteindre maturité et indépendance.

4. Tu n'arriveras jamais à sortir d'ici.

Quand vous voyez quelqu'un par terre, votre première réaction est de lui donner un coup de pied. Il est peut-être naturel de ressentir un certain plaisir au malheur des autres, mais cela ne veut pas dire que ce soit bien. Votre comportement ne va pas vous attirer beaucoup d'amis ou vous aider à conserver ceux que vous avez. Alors, un conseil : faites attention !

LA GRANDE ÉRUPTION

Une éruption volcanique est l'une des manifestations de la nature les plus stupéfiantes qui soit, avec ce vomissement de lave chaude et de fumée empoisonnée capable de réduire en poussière grise le paysage alentour. La destruction qu'elle apporte recouvre tout sur son passage et il est facile de comprendre pourquoi les civilisations anciennes voyaient dans les éruptions volcaniques des signes de la colère des dieux. Même aujourd'hui, les volcans semblent nous envoyer un message peu subtil sur notre rôle dans l'ordre des choses.

Vous assistez en direct à une éruption volcanique. Quelle phrase décrit le mieux vos pensées alors que vous observez ce spectacle ?

1. Voici peut-être la façon qu'a la nature de nous mettre en garde contre la destruction de la Terre.

2. Je suppose que la pression à l'intérieur était tout simplement intenable.

3. Waouh ! Quel spectacle grandiose ! Je suis impressionné.

4. C'est dans la nature des choses que d'exploser. Il n'est pas nécessaire d'en faire tout un plat.

SOLUTION

Vos pensées à propos du volcan sont liées à la façon dont vous réagissez au pouvoir explosif, particulièrement celui d'un supérieur hiérarchique. Nous avons tous rencontré un patron, un professeur, un entraîneur ou un parent coléreux. Le scénario montre comment vous gérez ce genre d'éruptions.

1. Voici peut-être la façon qu'a la nature de nous mettre en garde contre la destruction de la Terre.

Vous savez reconnaître quand vous êtes à l'origine de la colère des autres et vous acceptez d'en prendre la responsabilité. Une même sensibilité et attitude adulte vous permettent de tirer au clair tout problème que vous auriez pu causer.

2. Je suppose que la pression à l'intérieur était tout simplement intenable.

Vous mettez carrément la responsabilité de n'importe quel problème sur les épaules d'un autre. Après tout, si vous aviez pensé que vous faisiez quelque chose de travers, vous ne l'auriez pas fait, n'est-ce pas ?

3. Waouh ! Quel spectacle grandiose ! Je suis impressionné.

Vous acceptez les critiques et les éruptions de manière positive, ce qui ne veut pas dire pour autant que vous les prenez à la légère. Cette vision enjouée ne peut qu'impressionner favorablement vos supérieurs à long terme, une fois la raison de leur colère oubliée.

4. C'est dans la nature des choses que d'exploser. Il n'est pas nécessaire d'en faire tout un plat.

Les mots forts, les tirades et les vives critiques ne vous impressionnent probablement pas parce que vous ne les écoutez pas. C'est sûr, c'est une façon peu stressante de passer à travers un orage, mais vous courez le risque de ne jamais apprendre de vos propres erreurs. Peut-être devriez-vous commencer à faire un peu plus attention à tout ce bruit et cette fureur. Ils veulent peut-être dire quelque chose, après tout.

S'ÉTABLIR À SON COMPTE

Les rues noires de monde, lors d'une kermesse estivale, sont bordées de vendeurs qui, depuis une tente ou un étal, font l'article. Jouets d'enfants, objets d'artisanat, tableaux, bijoux en argent – tous ces trésors, et beaucoup d'autres encore, empilés sur des tables, attirent l'œil des passants qui s'arrêtent un instant pour regarder. Tout est fabriqué à la main, chaque objet est unique, nourrissant l'espoir des badauds de faire là, au détour d'un présentoir, la trouvaille de leur vie. La qualité de la marchandise va du plus commun au plus exquis, à ce qu'on peut trouver dans les meilleures boutiques, et les vendeurs eux-mêmes ajoutent une dimension particulière à cette aventure qui n'a rien à voir avec le lèche-vitrine habituel. La scène étant mise en place, pourquoi ne pas s'arrêter un instant et regarder ce qu'on y vend ?

1. Vous avez installé votre table pliante afin de vendre les bijoux que vous avez fabriqués vous-même. Combien de genres différents

d'accessoires et de bracelets mettez-vous en vente ?

2. Une personne vient, regarde et, une minute plus tard, s'en va sans rien avoir acheté. Que pensez-vous de vous-même ?

3. Un autre client potentiel arrive et semble extrêmement intéressé par l'un de vos modèles. En fait, vous considérez que c'est la plus belle pièce de votre collection. Qu'utilisez-vous comme arguments de vente pour recommander ce bijou ?

4. La journée s'achève, il est l'heure de fermer boutique. Comment décririez-vous les ventes que vous avez faites ?

SOLUTION

Les accessoires de mode comme les bijoux expriment le côté social de votre personnalité. Les objets que vous fabriquez vous-même donnent encore plus de profondeur à cette signification et à sa portée. Vos réponses à ce scénario révèlent la manière dont vous espérez que les autres vous perçoivent.

1. Le nombre de bijoux différents que vous vendez correspond au nombre de *persona* ou masques sociaux que vous portez dans diverses situations. Ce sont les visages que vous arborez devant vos amis, vos parents, votre patron, votre partenaire. Plus vous en avez, plus votre vie sociale paraîtra compliquée.

2. Les sentiments que vous avez eus en perdant un client représentent ceux que vous éprouvez après un chagrin d'amour ou tout autre forme de rejet. Avez-vous pensé que vous aviez fait quelque chose de travers (« Je me demande ce qu'il n'a pas aimé ») ? Avez-vous haussé les épaules et continué comme si de rien

n'était (« Pas de problème, il y a plein d'autres gens à la kermesse ») ? Ou avez-vous saisi cette occasion pour émettre des critiques (« En voilà un qui serait incapable de reconnaître du travail de qualité même s'il l'avait devant le nez ! ») ?

3. Ce que vous dites de votre plus beau bijou reflète ce que vous considérez comme vos meilleures qualités et la manière dont vous les exprimez aux autres. Avez-vous adopté une approche discrète et permis aux clients de se faire leur propre jugement ? Avez-vous martelé vos idées en les harcelant sans cesse ? Ou bien avez-vous offert de baisser le prix ? Attention à ne pas vous vendre au rabais...

4. Vos ventes du jour permettent d'évaluer votre propre réussite sociale.

Ceux qui ont dit qu'ils avaient vendu tout le stock ne manquent pas d'assurance. Attention à ne pas effrayer les gens avec votre témérité.

Si vous avez dit que vous avez eu une mauvaise journée, vous avez besoin de remonter votre estime. Ne soyez pas trop dur avec vous-même. Les clients potentiels peuvent renifler le doute à des kilomètres à la ronde.

Si vous avez eu des ventes moyennes, vous êtes du genre à connaître la place que vous occupez dans le monde sans pour autant sous-évaluer votre propre valeur. Ce peut être la clé pour réussir à long terme dans votre travail.

AVANT QU'ILS NE SORTENT DE LEUR COQUILLE

Pour la plupart des gens, le mot « œuf » fait référence à un œuf de poule, c'est-à-dire à un aliment. Omelettes, œufs sur le plat, œufs pochés, gobés, mélangés à un gâteau – la variation est infinie. Même si nous voyons des œufs presque tous les jours, ils ont quelque chose de mystérieux. Peut-être est-ce le fait qu'ils contiennent beaucoup sans avoir ni couture ni ouverture. Ou peut-être est-ce la promesse qu'à l'intérieur d'une coquille blanche toute simple, se cache de l'or. Quoi qu'il en soit, il y a plus dans l'œuf qu'un simple œuf.

Imaginez un œuf sur la table devant vous. Il peut être de n'importe quelle forme, couleur, taille, ou genre. Vous craquez la coquille. De quelle sorte d'œuf s'agit-il ?

1. Un œuf de serpent.
2. Un œuf de tortue.
3. Un œuf de dinosaure.
4. Un œuf de poule.

SOLUTION

En plus d'être une excellente source de protéines, l'œuf est le symbole des générations futures et de vos propres enfants. Le type d'œuf que vous avez choisi a une signification particulière par rapport aux espoirs et aux souhaits que vous formulez pour vos enfants.

1. Un œuf de serpent.

Le serpent symbolise à la fois la sagesse et la richesse cachée. Votre plus cher désir est que vos enfants possèdent beaucoup de l'une comme de l'autre. Gardez cependant une vision équilibrée des choses et souvenez-vous qu'ils attendront surtout de votre part que vous leur prodiguiez de l'amour.

2. Un œuf de tortue.

La tortue est le symbole universel de santé et de longévité. Si vous l'avez choisi, c'est que vous souhaitez principalement à vos enfants d'être en bonne santé et en bonne forme physique.

3. Un œuf de dinosaure.

Ce que vous voulez le plus pour vos enfants, c'est qu'ils deviennent des individus uniques. Vous ne souhaitez pas qu'ils soient forcés de se conformer aux moules de l'école, du travail et de la société en général. Ils feront des erreurs. Vous espérez seulement que celles-ci seront originales. C'est un but admirable, mais souvenez-vous qu'une des premières étapes menant à l'indépendance est la rébellion des enfants contre leurs parents.

4. Un œuf de poule.

Vous n'avez pas de rêves fous ou d'ambition particulière pour vos enfants. Le plus important n'est-il pas qu'ils soient heureux ? La sécurité et les plaisirs simples d'une vie normale suffiront. Juste un conseil : il n'y a rien de mal à faire de grands projets.

LESSIVE À L'ANCIENNE

Nous trouvons aujourd'hui la méthode un peu vieillote, mais, il n'y a pas si longtemps, accrocher son linge sur une corde à l'extérieur était la seule façon de le faire sécher. De nos jours, nous avons la chance d'avoir des sèche-linge et des chemises sans plis. Avant, il fallait garder un œil sur la météo quand on faisait la lessive, ou bien accepter de passer la journée dans un pantalon humide.

Vous vous retrouvez à cette époque où tout était lavé à la main et suspendu à l'extérieur pour être séché. Les affaires sales s'empilent dans le panier et vous devez absolument faire la lessive aujourd'hui. Cependant, en jetant un regard dehors, vous constatez que le ciel se couvre de gros nuages noirs menaçants. Quelles pensées traversent votre esprit ?

1. « C'est une blague ! Vous voulez dire que je dois attendre jusqu'à demain ? Que vais-je me mettre ? »

2. « Attendons un peu et voyons si le temps va s'améliorer. »

3. « On dirait que je ne vais pas pouvoir faire de lessive aujourd'hui. »

4. « Qu'il pleuve ou non, je ferai cette foutue lessive ! »

SOLUTION

Quand vous ajoutez du mauvais temps à la corvée des tâches ménagères, vous obtenez un exemple parfait de ces petits stress auxquels nous sommes confrontés quotidiennement. La façon dont vous avez réagi à cette journée de lessive ratée sert de baromètre pour mesurer le niveau de stress de votre vie actuelle.

1. « C'est une blague ! Vous voulez dire que je dois attendre jusqu'à demain ? Que vais-je me mettre ? »

Niveau de stress : 80. Vous laissez toutes les petites choses qui peuvent tourner mal dans votre vie vous agacer. Votre niveau de stress est si important que le plus petit contre-temps peut vous déprimer pour la journée. Il est temps de prendre des vacances et de vous détendre avant que cela n'affecte votre santé.

2. « Attendons un peu et voyons si le temps va s'améliorer. »

Niveau de stress : 50. Les pressions de votre

existence ne vous submergent pas, et vous parvenez à garder une vision positive des choses quand celles-ci ne se déroulent pas comme prévu. Continuez de chercher à résoudre les problèmes quand ils surviennent et tout ira bien. Souvenez-vous : tout stress n'est pas mauvais. Laissez les contraintes de la vie vous motiver.

3. « On dirait que je ne vais pas pouvoir faire de lessive aujourd'hui. »

Niveau de stress : presque 0. Vous ne laissez pas les petits problèmes vous ennuyer et vous ne voyez pas l'intérêt de vous faire du souci. Vous avez peut-être découvert la bonne philosophie de l'existence : l'inquiétude n'arrêtera jamais la pluie.

4. « Qu'il pleuve ou non, je ferai cette foutue lessive ! »

Niveau de stress : près de 100. Vous ressentez tant de pressions dans votre vie que vous ignorez la réalité et essayez de réaliser l'impossible. Et quand vous ratez, vous vous retrouvez avec de plus gros problèmes et plus de stress qu'avant. Si vous preniez juste le temps de vous détendre et de réfléchir à fond, vous verriez tous les efforts que vous avez gâchés. Ralentissez et prenez les choses plus calmement. Cela ne vous tuera pas de porter la même paire de chaussettes deux jours d'affilée.

COMME UN SINGE DANS SA CAGE

On dit que les yeux sont les fenêtres de l'âme, et c'est vrai pour les animaux autant que pour les êtres humains. Lorsque vous regardez dans les yeux un chien affectueux, on dirait qu'il vous supplie de jouer avec lui, alors que si vous fixez le regard d'un chat, il vous observe avec une indifférence royale. Comme les hommes, les animaux ont une personnalité ; comme eux, ils éprouvent des sentiments. Si nous acceptions de faire un peu confiance à nos yeux, nous verrions combien nos deux mondes sont proches.

Vous déambulez dans un zoo, observant les animaux en cage. Vous vous arrêtez devant un singe ; il est tout seul ; vos yeux se rencontrent. L'expression de son regard semble communiquer quelque chose. Qu'est-ce que le singe essaie de vous dire ?

SOLUTION

Les animaux en cage sont mentalement associés à la perte de liberté et aux freins mis par la société sur nos instincts naturels. Et parce que les singes ressemblent aux hommes à certains égards, il nous est particulièrement facile d'éprouver de la compassion et de nous identifier à eux.

Le message du singe reflète ce que vous ressentez véritablement quand on restreint votre liberté. Il y a, en particulier, des mots que vous aimeriez – mais que vous ne pouvez – dire à propos d'une entreprise, d'un groupe ou d'un système social, dont vous sentez l'emprise sur votre vie. Les réponses suivantes vous paraissent-elles familières ?

« J'aimerais une banane. » Vous êtes facilement satisfait et, par conséquent, aisément contrôlé. Exigez plus, et vous pourriez être surpris de la manière dont vous comptez pour les autres. Qui sait, vous obtiendrez peut-être deux bananes.

« Bon. Du balai. Il n'y a rien à voir ici. » Ce

n'est pas tant la pression de se conformer aux règles de la société qui vous agace, que l'absence d'intimité. N'ayez pas peur de partir tout seul de votre côté pour vous retrouver en tête-à-tête avec vous-même. Vous n'êtes qu'un singe. Le zoo survivra un moment sans vous.

«Je crois que je deviens fou dans cette cage. Fais-moi sortir d'ici.» En tant que kokologue patenté, je vous prescris de longues vacances sur une belle île tranquille. Prenez-les.

LE PLUS GRAND DES MYSTÈRES

Personne n'aime vraiment y penser ; pourtant, prenez juste un moment maintenant pour réfléchir à ce qui arrive après notre mort. L'âme se déplace-t-elle dans un autre monde ? La mort est-elle l'extinction finale et absolue de notre moi ? Croyez-vous au paradis et à l'enfer, ou pensez-vous que l'âme se réincarne dans un autre corps sur Terre ? Nous nous posons les mêmes questions depuis des milliers d'années, mais au final, il faut bien admettre que nous n'en avons pas la moindre idée. La mort demeure le plus grand des mystères de la vie.

Dans le scénario suivant, imaginez que l'âme survive à la mort. Quelle forme prendrait-elle une fois libérée du corps ?

1. L'âme est de la même taille et de la même forme que le corps qui l'abritait dans la vie.

2. L'âme garde sa forme humaine, mais sa taille grandit.

3. L'âme est minuscule et de forme humaine, comme une fée.

4. L'âme est comme une boule de feu ou un nuage, sans forme définie.

SOLUTION

L'image que vous avez de votre âme est un reflet direct de l'image que vous avez de vous-même : la nature de l'âme dont vous avez dressé le portrait montre comment vous vous sentez par rapport à vous-même.

1. L'âme est de la même taille et de la même forme que le corps qui l'abritait dans la vie.

Vous possédez une des choses qui a le plus de valeur au monde – de l'estime de soi. Vous vous acceptez tel que vous êtes, avec vos défauts, et vous vous aimez pour ce que vous êtes. Gardez cette attitude tout au long de votre vie, et continuez à découvrir combien il y a de choses en vous à aimer.

2. L'âme garde sa forme humaine, mais sa taille grandit.

Vous n'êtes pas satisfait de vous-même aujourd'hui. Vous sentez qu'il y a encore tant de choses dont vous devez encore faire l'expérience et réaliser. C'est la raison pour laquelle votre moi véritable apparaît en beaucoup plus grand qu'il n'est aujourd'hui. Cette insatisfaction peut être source d'inspiration si vous parvenez à la contrôler. Sinon, elle ne fera que vous hanter, comme un sentiment d'inachevé.

3. L'âme est minuscule et de forme humaine, comme une fée.

En dépit de toutes vos qualités, vous n'avez toujours pas découvert ce qui vous rend génial. Ce n'est pas tant de l'insatisfaction que le fait que vous doutiez de vous-même. Vous avez tendance à vous demander: « Qu'est-ce qui va de travers avec moi ? », mais vous n'arrivez jamais à identifier la réponse. Ce qui ne va pas, c'est que vous êtes humain, comme nous le sommes tous, et donc imparfait. Acceptez cette notion et vous verrez qu'être humain comporte également des côtés positifs.

4. L'âme est comme une boule de feu ou un nuage, sans forme définie.

Vous n'êtes pas contrarié par vos défauts ou fier de votre force de caractère, et vous ne voyez pas l'intérêt de vous comparer aux autres. À dire vrai, vous n'êtes pas le moins du monde intéressé par les questions du moi, peut-être parce que vous êtes incroyablement creux ou, au contraire, profondément sage. Mais même cela ne vous semble pas très important.

UNE VÉRITABLE AVENTURE

Avez-vous jamais vécu une véritable aventure, du genre de celles que vous lisez dans les romans ou que vous regardez sur le grand ou le petit écran ? Une série d'histoires pleines d'action et d'escarmouches, au suspense haletant, qui fleurteraient avec le destin, agrémentées d'une pincée de romantisme pour pimenter l'aventure jusqu'à son terme ? N'aimeriez-vous pas cela ?

1. Vous êtes un guerrier dans un ancien royaume et vous avez été choisi pour accompagner le héros le plus célèbre des environs dans une mission consistant à récupérer un trésor volé. Que vous dit le héros au moment où vous êtes sur le point d'entamer votre quête ?

2. Avant votre départ, le roi vous convoque et vous donne une épée qui vous servira lors de votre aventure. De quel genre d'épée s'agit-il ? Décrivez-la en détail.

3. Au cours de votre périple, vous franchissez de hautes montagnes et traversez des forêts

épaisses. Vous rencontrez de nombreux obstacles et de situations critiques en chemin. Vous voici arrivé à l'entrée de la caverne où se trouve le trésor volé. Combien d'ennemis avez-vous rencontré depuis le début de votre aventure ?

4. Vous entrez dans la caverne et découvrez enfin le trésor que vous cherchiez. À ce moment, une expression traverse le visage du héros que vous avez accompagné pendant cette quête. Décrivez cette expression en détail.

SOLUTION

En endossant le rôle d'un guerrier chargé d'une mission de grande importance, vous avez également assumé le sentiment d'orgueil d'être celui ou celle à qui l'on a confié une telle responsabilité. Vos réponses à ce jeu sont liées à la façon dont vous gérez votre propre orgueil.

1. Les mots que le héros vénéré vous dit sont ceux qui jouent sur votre orgueil. En un sens, les paroles que vous avez imaginées que vous disait le héros sont celles pour lesquelles vous avez un point faible et qui peuvent vous motiver.

Avez-vous entendu quelque chose suscitant l'inspiration comme : « Fais-moi confiance », « Je compte sur toi », ou « Nous allons devoir travailler ensemble » ? Chaque phrase a sa signification particulière et révèle la façon dont vous voulez que l'on fasse appel à votre aide.

Ou bien le héros était-il moins encourageant : « Reste hors de mon chemin ! » ou « Si tu as envie de renoncer, c'est le moment. » Vous avez alors un faible pour les natures glaciales.

2. L'épée que le roi vous a donnée symbolise votre amour de soi. Était-elle délicatement ciselée ou bien rouillée, vieille, à peine utilisable ?

3. Le nombre d'ennemis rencontrés en chemin représente le nombre d'obstacles et de crises que vous estimez avoir surmontés jusqu'à présent dans votre vie. Plus le nombre est élevé, plus la confiance que vous avez en vos propres capacités et en votre orgueil devrait être importante. Qu'avez-vous répondu ?

Plusieurs centaines ? En tout cas, vous ne manquez pas d'assurance. Évidemment, après toutes ces aventures, nous sommes sûrs que vous avez des raisons valables de l'être.

Juste un ou deux ? Vous ne vous imaginez pas vraiment en aventurier, n'est-ce pas ? Peut-être êtes-vous une personne qui n'a pas besoin de beaucoup d'expérience de la vie pour avoir confiance en vous.

Vous n'avez rencontré aucun ennemi ? Soit les méchants avaient trop peur de se montrer en apprenant votre venue, soit vous avez pensé qu'ils ne se déplaceraient pas pour une personne aussi insignifiante que vous.

4. Le héros qui vous a mené dans cette aventure représente en réalité les traits de caractère que vous admirez le plus dans le sexe opposé (quel que soit le type de héros que vous avez imaginé). L'expression que vous avez imaginée sur le visage du héros est celle que vous trouvez la plus attrayante chez quelqu'un du sexe opposé. Était-ce un large sourire ? Un regard de

stupéfaction orgueilleuse ? Du soulagement à l'état pur ? Ou bien des larmes de joie ? Quelle que soit cette expression, souvenez-vous-en. Un jour, quelqu'un s'en servira peut-être pour accéder à votre cœur.

MONSTRE

Monstre. Nous utilisons tous ce terme, mais qui parmi nous en a jamais vu ? Demandez à cent personnes de dessiner un monstre et vous obtiendrez cent dessins différents. Il y a toutes sortes de monstres – ceux que nous voyons dans les films, ceux qui nous poursuivent dans nos rêves, les monstres des contes de fées, des histoires de fantômes, et même ceux des jeux vidéo. Cela va du lézard de cent mètres de long aux monstres qui prennent apparence humaine. Quelle image ce mot conjure-t-il pour vous ?

Un monstre erre dans la campagne. Il est terrifiant. Personne ne peut l'arrêter. Ce monstre est consumé de rage. Il ne peut être raisonné. Lui parler ne sert à rien. Pourquoi est-il si en colère ?

1. Il a faim et cherche de quoi manger.
2. Il recherche son amour perdu.
3. Il se sent incompris à cause de sa laideur.
4. Il en veut au monde entier.

SOLUTION

Le monstre de votre imagination est la manifestation d'un archétype connu sous le nom de l'Ombre, qui représente la part obscure de notre personnalité. L'Ombre est présente en chacun de nous, et la colère du monstre est actuellement dirigée contre une source de stress de notre propre vie.

1. Il a faim et cherche de quoi manger.

Le monstre affamé réagit contre la bataille que vous menez contre votre propre appétit. Avez-vous été aux prises avec un régime récemment ? Il est difficile d'avoir l'esprit clair quand on a l'estomac vide. Souvenez-vous : soyez modéré... et appliquez aussi ce principe à la modération elle-même ! Mieux vaut grignoter quelque chose à l'occasion plutôt que de laisser la pression monter jusqu'à ce que vous ayez envie de manger Paris !

2. Il recherche son amour perdu.

Si vous pensiez que le monstre cherchait

éperdument son amour, cela signifie que vous avez peut-être traversé des difficultés sur le front romantique. Dites-vous qu'une vie amoureuse sans sujets d'inquiétude n'est pas une vie amoureuse. Même le Comte Dracula avait des nuits sans...

3. Il se sent incompris à cause de sa laideur.

Ceux qui ont choisi cette réponse sont, d'une façon ou d'une autre, insatisfaits de leur propre apparence. Nos défauts peuvent être magnifiés dans l'œil de notre esprit et cette image personnelle négative influence aussi la façon dont le reste du monde nous voit. La première étape pour que les autres vous aiment, c'est d'apprendre à aimer ce que vous voyez dans le miroir.

4. Il en veut au monde entier.

Ceux qui ont répondu ainsi sont des pessimistes. Non seulement le verre est à moitié vide, mais l'eau est chaude et n'a pas bon goût. C'est bien de trouver les erreurs qui nécessitent d'être corrigées, mais ce n'est pas en vous plaignant que vous changerez le monde. N'y a-t-il pas moyen d'utiliser votre énergie de manière plus positive ?

LE LABYRINTHE

Retournons au parc d'attractions pour continuer l'exploration de notre inconscient. Vous êtes déjà familiarisé avec certains circuits, avec l'excitation vertigineuse des montagnes russes et les frissons bon enfant des manèges. La maison des horreurs nous attend toujours, mais mieux vaut l'explorer à deux. Que diriez-vous à la place d'une promenade à travers le labyrinthe ?

Vous avez trouvé votre chemin à travers ce gigantesque labyrinthe et vous vous tenez maintenant près de la sortie. Laquelle des affirmations suivantes correspond le mieux à votre état d'esprit ?

1. C'était trop facile ! J'ai terminé en un rien de temps ! Du gâteau !

2. Ça m'a pris du temps pour passer, mais en y repensant, je suppose que ce n'était pas si extraordinaire que ça.

3. J'étais vraiment perdu ! Pendant un moment, j'ai bien cru que je n'arriverai jamais à sortir !

4. Je me suis joint à un groupe de personnes à l'intérieur et elles m'ont montré comment sortir. Sans elles, j'y serais encore.

SOLUTION

Les sentiers tortueux et circulaires du labyrinthe représentent le chemin que vous trouvez pour vous dans la vie, avec ses faux tournants, ses retours en arrière, ses cul-de-sac. Et l'adolescence est l'époque de la vie où il est le plus facile de se sentir perdu et confus. Votre expérience dans le labyrinthe correspond à la façon dont vous vous souvenez avoir passé les années qui menaient à l'âge adulte.

1. C'était trop facile ! J'ai terminé en un rien de temps ! Du gâteau !

Même si beaucoup de gens pensent à leur adolescence comme à des années de tensions et de confusion, pour vous ce n'était rien que du bon temps. Vous n'étiez pas rongé par les interrogations sur vous-même, ou traumatisé par la pression de vos pairs. En réalité, toute cette expérience était comme une grande fête. Bien sûr, cela peut vouloir dire que le véritable test de votre vie est encore devant vous…

2. Ça m'a pris du temps pour passer, mais en y repensant, je suppose que ce n'était pas si extraordinaire que ça.

Vos années de collège et de lycée ne furent pas faciles pour vous, et il est plus que probable que vous avez passé plus d'une nuit à vous poser les mêmes questions que chacun d'entre nous – amour, amitié, avenir. Mais cette expérience vous a aidé à créer la personne que vous êtes aujourd'hui, et les leçons apprises vous soutiendront à travers n'importe quelle difficulté à venir.

3. J'étais vraiment perdu ! Pendant un moment, j'ai bien cru que je n'arriverai jamais à sortir !

Même si presque tout le monde passe une ou deux années difficiles en grandissant, votre inquiétude fut extrême. Vous réfléchissiez à des problèmes qui n'existaient que dans votre tête et vous vous torturiez à force d'anticiper et de douter de vous. Tout cela peut avoir ajouté du sérieux et de la profondeur à votre caractère, mais il est temps à présent de vous détendre et de prendre du plaisir à vivre. Vous le méritez amplement.

4. Je me suis joint à un groupe de personnes à l'intérieur et elles m'ont montré comment sortir. Sans elles, j'y serais encore.

Si vous êtes satisfait de votre vie aujourd'hui, c'est grâce aux amis que vous vous êtes faits et aux relations nouées pendant votre jeunesse.

Vous aviez des sujets d'inquiétude comme tout le monde, mais il semble qu'il y ait toujours eu quelqu'un vers qui vous pouviez vous tourner lorsque les choses allaient mal. Soyez reconnaissant envers votre bonne étoile. Maintenant, c'est votre tour de rendre la pareille et d'être présent pour ceux qui traversent une période difficile.

VIDE À L'INTÉRIEUR

Certains jours, tout semble aller comme vous le voulez. La circulation est fluide sur le chemin du travail, votre patron prend une journée de vacances, vous gagnez au loto. Et vous êtes d'autant plus heureux que chaque petit coup de chance vient comme une surprise. Bien sûr, l'inattendu réserve aussi son lot de désagréments. Il suffit d'un collant qui file, ou d'une tache sur votre cravate préférée pour vous faire redescendre sur terre. Qu'elles soient positives ou négatives, ce sont ces petites surprises qui donnent du piment à notre vie.

Vous allez chez le boulanger pour acheter un chausson aux pommes. Cependant, une fois rentré chez vous, lorsque vous prenez une bouchée, vous vous apercevez qu'il y manque un ingrédient essentiel : la garniture. Comment réagissez-vous à ce manque de pot ?

1. Vous retournez chez le boulanger avec le chausson aux pommes et vous en obtenez un autre.

2. Vous vous dites : « Ça arrive », et vous mangez le chausson sans garniture, tel qu'il est.

3. Vous mangez autre chose.

4. Vous garnissez le chausson avec de la confiture pour lui donner meilleur goût.

SOLUTION

Qu'est-ce qu'un chausson aux pommes sans pommes ? Une mauvaise surprise. Et puisque nous en sommes à l'imprévu, vous serez étonné d'apprendre que la réponse que vous avez choisie révèle le rôle que vous jouez parmi vos amis.

1. Vous retournez chez le boulanger avec le chausson aux pommes et vous en obtenez un autre.

Vous êtes un penseur conformiste, rarement pris de court par les circonstances inattendues. On peut compter sur vous pour ne pas céder à la panique en cas d'imprévu. En revanche, vous n'êtes pas du genre à prendre le commandement et à mener la danse. Vous avez plutôt tendance à soutenir les meneurs par votre jugement clair et vos conseils.

2. Vous vous dites : « Ça arrive », et vous mangez le chausson sans garniture, tel qu'il est.

Vous ne laissez pas les surprises vous décontenancer, acceptant ce que le destin vous sert. Votre patience et votre adaptabilité rendent l'entente avec vous incroyablement facile, et on pourrait dire que vous êtes le ciment qui lie votre cercle d'amis. Parce que vous ne faites pas d'histoires, vous pouvez donner l'impression de disparaître à l'arrière-plan. Mais comme l'air, vous passez inaperçu tant que vous ne manquez pas.

3. Vous mangez autre chose.

Prompt à vous décider et à agir, vous êtes un meneur naturel dans n'importe quel groupe. Vous vous manifestez lorsque les choses deviennent incontrôlables et que la situation exige qu'une personne assume des responsabilités et prenne des décisions. Vous ne tergiversez pas des heures durant à propos du restaurant où dîner, ou du dernier film à voir – l'indécision ne fait pas partie de votre vocabulaire. La confiance et l'autorité émanant de vous font que lorsque vous prenez la parole, votre entourage écoute.

4. Vous garnissez le chausson avec de la confiture pour lui donner meilleur goût.

Le talent que vous avez pour trouver des solutions innovantes font de vous un générateur d'idées sans égal parmi votre clique. Tout le monde a du bon sens, mais vous possédez une capacité pour le singulier qui vous permet de trouver des opportunités là où d'autres ne voient que des problèmes. Ces instincts créatifs signifient que vous courez le risque d'être parfois emporté par vos idées. Vous paraissez également de temps à autre excentrique. Cependant, votre entourage est sûr, quoi qu'il arrive, que l'on peut compter sur vous pour rendre les choses intéressantes.

CERCLE, TRIANGLE, CARRÉ

Chaque forme et chaque dessin peuvent être réduits aux mêmes blocs de construction fondamentaux : des points et des lignes. Pour certains, ces mots remuent les souvenirs douloureux et enfouis des cours de géométrie au collège. Ils peuvent également nous ramener à une époque où le monde était plus simple, aux cours de dessin de l'école primaire, quand une maison pouvait être représentée par quatre carrés et un triangle, ou quand un visage se composait d'un cercle, de deux points, et d'une ligne sinueuse. Notre prochain jeu vous demande d'assumer une fois encore cette perspective innocente des choses et ce sens de créativité.

Vous aurez besoin d'un crayon et d'une feuille de papier pour ce jeu. Utilisant un cercle unique et autant de triangles et de carrés que vous voulez, faites un dessin sur la feuille.

SOLUTION

À quel genre de dessin avez-vous abouti ? Est-ce un dessin pouvant être scotché sur le mur ? Le vrai sens de ce dessin se trouve dans les trois formes principales. Ici, les triangles représentent travail et études, les carrés la société et ses lois, et le cercle est un symbole de vous-même.

Si vous avez dessiné un très grand cercle, vous possédez un tout aussi grand sens de votre personne. C'est très bien lorsque cela aboutit à un regard sur soi positif. Pour certains, néanmoins, cette vision met en lumière une vision déformée de la place qu'ils occupent dans le monde – en d'autres termes, en son centre. Si vous avez dessiné un très petit cercle, vous vous voyez comme insignifiant ou écrasé par rapport au monde qui vous entoure. Ne vous laissez pas submerger par tous les triangles et les carrés. Ils sont constitués des mêmes points et des mêmes lignes que vous !

Le nombre et la taille des triangles que vous avez utilisés représentent votre travail ou vos responsabilités scolaires. De grands triangles dénotent le sens important que vous attribuez à votre travail et au sentiment de contentement que vous en tirez, tandis qu'un grand nombre de triangles signifie que vous vous consacrez à plusieurs projets en même temps. Attention à des triangles surnuméraires : le moment est peut-être venu de diminuer votre charge de travail avant d'être complètement épuisé.

Les carrés de votre dessin représentent vos sentiments à l'égard de la société et des autres. Beaucoup de très grands carrés indiquent que vous ressentez fortement la pression de devoir vous conformer aux règles de la société ou de devoir vous y intégrer. De nombreux carrés dans votre dessin montrent que vous avez tendance à vous sentir perdu dans la foule ou accablé par trop de règles.

Lorsque les formes de votre dessin sont liées entre elles, qu'elles se croisent et qu'elles partagent des bords, cela indique que vous ressentez intégration et harmonie entre ces aspects et votre vie. Si toutes les formes occupent des places séparées, cela signifie qu'il existe sans aucun doute, dans votre vie également, des signes d'isolement et de manque de connection.

LE PSY, C'EST VOUS

Impossible d'échapper au désir. Depuis notre enfance, nous nous inquiétons et nous voulons quelque chose – j'aimerais être plus grand, je veux un nouveau vélo, j'espère ne pas rater la dictée. Le désir d'une vie meilleure est en chacun de nous. Si nous sommes souvent frustrés, si nous avons le sentiment de ne pas réussir, ce désir est la force acharnée qui se dissimule derrière nos succès. Bien sûr, personne ne triomphe seul dans la vie. Chacun d'entre nous bénéficie à un moment ou un autre d'un conseil plein de sagesse, d'un mot gentil, ou même d'une vive critique. Pensez à toutes les fois où vous avez traversé une période de crise porté par les mots des autres. Si le temps était venu pour vous d'être celui ou celle qui soutient un autre, comment vous y prendriez-vous ?

1. Vous êtes un psychothérapeute exerçant en libéral, dans un cabinet privé. Dans quel genre de pièce faites-vous vos séances de thérapie ? Décrivez la pièce en détail.

2. Le premier patient de la journée est arrivé. De quoi veut-il vous parler, et quel conseil lui donnez-vous ?

3. Vous êtes assis en face du patient et vous lui prodiguez des conseils. Comment réagit-il ?

4. La journée de travail est terminée, et vous êtes à votre bureau en train de remplir de la paperasse quand quelqu'un surgit. Qui est cette personne qui vient vous voir après les heures de bureau ? (Donnez le nom d'une personne que vous connaissez.)

SOLUTION

Comment vous en êtes-vous sorti avec vos dossiers de la journée ? Dans ce scénario, le patient exprime la part en vous qui a envie de soutien et a besoin d'être guidée.

1. Le type de bureau que vous avez décrit montre ce que vous ressentez comme un manque dans votre vie. Avez-vous imaginé une pièce tranquille, propre à l'intimité et à la réflexion ? Un environnement bien éclairé où il est facile de dire ce que l'on a sur le cœur ? Était-ce un espace confortable, où vous pouviez vous sentir en sécurité ? Ou tout simplement une grande pièce où vous pouviez étirer les jambes et vous détendre ? Où donc votre esprit vous dit-il que vous avez besoin d'être ?

2. La plainte du patient est en réalité une de vos sources d'inquiétude. Était-ce un problème sur votre lieu de travail ? Un amour sans lendemain ? Peut-être une quête de développement personnel ?

Les conseils que vous avez donnés à votre

patient constituent la réponse que votre esprit rationnel fournit au problème. Serez-vous capable de suivre votre propre conseil ?

3. La réaction du patient lorsque vous lui avez prodigué des conseils montre si vous êtes capable d'accepter les conseils qui vous sont donnés. Votre patient buvait-il vos paroles, ou bien les contestait-il avec entêtement ? Aviez-vous plutôt l'impression que le patient était d'accord avec ce que vous lui disiez, mais qu'il oublierait tout à peine sorti de votre cabinet ?

4. La personne qui a surgi à l'improviste dans votre bureau est celle qui, dans votre vie, vous cause le plus d'inquiétude ou de stress. Cela ne veut pas nécessairement dire qu'elle vous ennuie et que vous devez l'éviter. Avoir de la compassion pour les autres est une signe de sagesse.

PRÊT À LA BAGARRE

Sur le ring, des montagnes de muscles et d'os se font face pour le combat du siècle. Les catcheurs se lancent des regards noirs et menaçants, vont et viennent comme des animaux en cage. La foule gronde d'anticipation tandis que ses fantasmes les plus agressifs sont sur le point d'être joués.

Aucun autre événement sportif n'a l'attrait élémentaire du catch professionnel. Nous pouvons en rire ou secouer la tête, mais sa popularité perdure. Si vous aviez la possibilité de sauter par-dessus les cordes sur le ring, juste pour une nuit, quel style de lutteur seriez-vous ? (Choisissez l'une des solutions ci-dessous.)

1. Un cogneur de deux mètres de haut qui malmène ses adversaires jusqu'à les faire se soumettre grâce à sa force.

2. Un sorcier technique qui invente des corps à corps élaborés, des drops et des coups violents différents pour chaque nouvel adversaire.

3. Un vaurien qui fait appel à des prises illégales et des objets interdits chaque fois que l'arbitre a le dos tourné.

4. Un catcheur au visage masqué qui ne montre jamais ni émotion ni douleur.

SOLUTION

Les sports sont des expressions socialement acceptables de l'agressivité humaine naturelle, mais à un niveau plus profond, ils représentent aussi une sublimation de l'instinct sexuel. Et le catch professionnel, avec son abandon sauvage, sa glorification du corps, son humanité à l'état brut et son agression nue est plus proche de la sexualité que n'importe quel autre sport. Le lutteur que vous avez choisi d'être révèle quel genre de partenaire vous êtes au lit.

1. Un cogneur de deux mètres de haut qui malmène ses adversaires jusqu'à les faire se soumettre grâce à sa force.

Vous insistez pour faire les choses comme vous le voulez. Comme le combattant qui réduit sa proie à une masse tremblante, vous prenez le contrôle de vos partenaires et vous les obligez à faire ce que vous voulez sans y penser à deux fois. Cela peut sembler brutal et animal, mais nous ne sommes pas en train de parler d'un jeu de puce, n'est-ce pas ?

2. Un sorcier technique qui invente des corps à corps élaborés, des drops et des coups violents différents pour chaque nouvel adversaire.

Vous prenez plaisir à essayer de nouveaux trucs et techniques avec chaque partenaire. Une partie de l'excitation dans les jeux de l'amour est générée par la liberté que vous avez pour exprimer votre créativité. Vous aimez fondre sur la partie du corps la plus sensible de votre partenaire, puis vous donnez le coup de grâce.

3. Un vaurien qui fait appel à des prises illégales et des objets interdits chaque fois que l'arbitre a le dos tourné.

Impossible pour vous d'être satisfait en faisant l'amour selon les règles. Vous êtes constamment à la recherche de nouvelles sensations, et vous n'avez pas peur de briser quelques lois (ou d'introduire des objets interdits) pour obtenir ce que vous voulez. Allez, rangez cette chaise pliante avant que quelqu'un ne se fasse mal.

4. Un catcheur au visage masqué qui ne montre jamais ni émotion ni douleur.

Vous n'aimez pas révéler votre véritable identité, même dans les rencontres les plus intimes. Il y a une aura de mystère dans la façon dont vous faites l'amour, un calme presque bizarre. Cette tactique peut rendre certains partenaires fous de curiosité et laisser les autres de marbre. Mais fatalement votre masque tombera. Êtes-vous prêt à affronter le visage qui se dissimule dessous ?

JUGÉ SUR SA COUVERTURE

Pensez à ce que ce serait d'être la plus grande star du monde musical, la personne qui vend le plus de disques au monde, le chouchou des médias et l'idole de millions de gens. Ce n'est pas un fantasme si inhabituel lorsque vous sifflotez en écoutant la radio ou chantez à tue-tête sous la douche. On ressent un véritable frisson de satisfaction à l'idée de pouvoir émouvoir les gens grâce à une chanson.

Vous êtes un jeune artiste, et vous venez de finir de graver votre premier CD. Maintenant, il ne vous reste plus qu'à décider de la couverture du boîtier. Quel genre de couverture choisissez-vous ?

1. Une scène tranquille avec des dessins ou des photos prises dans un lieu exotique.

2. Un dessin humoristique, type bande dessinée, ou une autre image amusante.

3. Un dessin abstrait sans signification particulière, mais qui fera réfléchir les gens.

4. Un portrait de vous.

SOLUTION

L'idée de mettre en vente votre propre CD est liée au besoin psychologique d'expression personnelle. Le dessin que vous voudriez voir sur votre CD correspond aux aspects de votre personnalité que vous désirez que les autres remarquent. Votre choix peut être interprété comme étant ce qui vous semble être votre meilleur attribut. À présent, voyons comment le reste du monde vous voit…

1. Une scène tranquille avec des dessins ou des photos prises dans un lieu exotique.

Vous vous voyez comme une personne sympathique et affectueuse qui a toujours un sourire et un mot gentil pour les autres. Il est difficile d'imaginer plus sensible que vous. Les autres ont, cependant, parfois l'impression qu'un mur vous entoure, et que ce mur empêche quoi que ce soit de vous atteindre. Tout cette sensibilité semble alors manquer de sincérité. Si vous ne baissez jamais votre garde ni ne dévoilez vos sentiments, les gens se demanderont toujours ce que vous pensez vraiment.

2. Un dessin humoristique, type bande dessinée, ou une autre image amusante.

Vous êtes drôle, vous aimez parler aux autres, et c'est divertissant de vous avoir dans les parages. Et vous le savez. Mais les autres voient aussi l'autre aspect de votre personnalité – quelqu'un sur qui il est difficile de compter, quelqu'un d'inconstant, et qui a tendance à se laisser emporter par le moment. Être capable de faire rire les autres est une bonne chose, mais cette hilarité prend un autre sens si ces gens rient de vous et non avec vous.

3. Un dessin abstrait sans signification particulière, mais qui fera réfléchir les gens.

Vous faites de gros efforts pour exprimer aussi bien votre créativité que vos dons naturels. Peut-être avez-vous du talent, mais vous devez vous souvenir que les autres en ont également. La vraie façon pour vous de briller est d'accepter et de travailler avec les autres. Jusqu'à ce que vous le fassiez, vous risquez d'apparaître comme quelqu'un de bizarre. Votre originalité est importante, mais ne la laissez pas vous transformer en un de ces cinglés excentriques.

4. Un portrait de vous.

Vous adoptez l'approche directe en disant : « C'est moi, prenez-moi comme je suis », et vous voyez cette honnêteté simple comme votre trait de caractère le plus fort. Cependant, ce que vous pensez être de l'honnêteté peut apparaître comme de l'entêtement – « C'est moi, et je ne changerai jamais. » Personne n'est si extraordinaire qu'il ne puisse s'améliorer. Si vous souhaitez conserver la même image pour toujours, faites au moins attention à ce qu'on photographie votre bon profil.

ATTRAPÉ !

On dit que les policiers développent un sixième sens pour ce qui est de l'esprit des criminels. Et chacun de nous possède un peu de cet esprit criminel, ce qui explique pourquoi la police ne se repose jamais. Assassinats, vols, fraudes se produisent bien plus souvent que les journaux ne le disent. Pas une minute ne se passe sans qu'un crime soit commis ou prémédité. Si vous étiez un flic, comment arriveriez-vous à supporter la pression de ce rythme ?

Vous poursuivez un suspect qui a fui le lieu du délit. Après une longue course-poursuite, vous parvenez enfin à le rattraper et vous l'arrêtez. Vous vous tenez debout au-dessus de lui, votre pistolet braqué sur son visage. Attrapé ! Que vous dit le suspect en fixant le canon de votre arme ?

SOLUTION

Qu'avait à dire pour sa défense le voleur attrapé ? Même si vous vous imaginiez en policier, vos propres tendances cachées se sont révélées par la bouche du criminel. Au jeu des gendarmes et des voleurs, ce sont les seconds qui doivent trouver des excuses, tandis que les premiers les embarquent en prison. La façon dont vous avez imaginé que le voleur répondait montre comment vous réagissiez lorsque vos parents vous prenaient la main dans le sac. Et si vous êtes comme la plupart des gens, c'est ainsi que vous continuez de vous comportez aujourd'hui.

« D'accord, je me rends. Vous m'avez eu. Je parlerai. » C'est bon pour la conscience, et ils pourront être plus sympathiques avec vous au moment du verdict.

« Vous croyez m'avoir attrapé ? Je ne vois pas de preuve. Je veux parler à mon avocat. » Il vous arrivera de vous glisser entre les mailles une fois ou deux, mais si vous ne vous amendez pas, vos mauvaises façons vous rattraperont. La justice ne dort jamais.

AU VOLANT

Souvenez-vous, lorsque vous vous exerciez pour obtenir votre permis de conduire, du nombre de petites choses qu'il fallait apprendre : les demi-tours, se garer en double file, les signaux manuels, et la longueur de voitures... Bien sûr, tout cela est important, mais ce n'est pas exactement ce que conduire sous-tend. Conduire, c'est la manière dont vous vous sentez après avoir passé tous ces tests et avoir roulé seul sur une route pour la toute première fois. C'est pouvoir aller où vous voulez quand vous voulez. C'est une question de puissance, de liberté et de vitesse. Et la voiture que vous conduisez est une expression de la façon dont vous considérez toute l'expérience de la conduite. Elle dit au monde quelque chose sur vous, sur ce que vous êtes et ce que vous voulez de la vie.

Prenez un moment pour imaginer la voiture de vos rêves, sans vous arrêter à son coût et à d'autres considérations d'ordre pratique. Dans quel genre de voiture vous voyez-vous ?

1. Une voiture très performante, avec toutes les options.

2. Une merveille de modèle au chassis aérodynamique et élégant.

3. Une voiture de marque prestigieuse et hors de prix.

4. N'importe quoi, pourvu que cela roule.

SOLUTION

Le goût des gens pour les voitures reflète celui qu'ils ont pour les personnes du sexe opposé. Les attributs de votre voiture idéale révèlent ceux auxquels vous réagissez lorsque vous cherchez un partenaire.

1. Une voiture très performante, avec toutes les options.

Idéalement, vous voulez tout de votre voiture et de votre partenaire, mais vous acceptez également d'apprécier les bons points chez tout le monde. Vous pouvez donner l'apparence d'être quelque peu inconsistant, attiré à la fois par la beauté, la gentillesse, la sophistication, l'humour ou le charme, en raison de ce large éventail de goûts. Ce dernier vous permet ainsi d'évaluer vos partenaires potentiels d'après leurs points forts, vous offrant la possibilité de comparer avant d'effectuer votre choix final.

2. Une merveille de modèle au chassis aérodynamique et élégant.

À n'en pas douter, l'apparence physique est la clé pour gagner votre cœur. Trouver quelqu'un dont l'apparence vous plaise est essentiel, mais vous voulez aussi pouvoir exhiber cette personne. En raison de l'importance exagérée que vous accordez à l'extérieur, vous vous retrouvez facilement avec des pisse-vinaigre. Un conseil : vérifiez ce qu'il y a sous le capot avant de rentrer chez vous en voiture.

3. Une voiture de marque prestigieuse et hors de prix.

La position sociale et le succès matériel sont cruciaux pour vous, et ceci se retrouve dans votre choix de partenaire. Bonne famille, bonne école, bonne carrière : tout s'additionne pour donner la bonne personne. Être ambitieux n'est pas une mauvaise chose en soi, mais votre partenaire peut ne pas apprécier de n'être à vos yeux qu'un palier supplémentaire sur l'échelle de votre succès.

4. N'importe quoi, pourvu que cela roule.

Vous êtes heureux avec n'importe qui du moment que cette personne satisfait à un standard minimum. Vous êtes par conséquent quelqu'un d'ouvert, de compréhensif, et vous avez de la compassion. Vous ne vous attendez pas à ce que les autres réalisent vos rêves à votre place et vous bénéficiez de la même considération en retour. Cela pourrait être une voie tranquille vers le contentement. Le revers, cependant, c'est que les autres n'attendent pas non plus grand-chose de vous en retour.

IMPOSSIBLE D'ATTENDRE

Intégrer une nouvelle entreprise est toujours stressant : de nouveaux collègues, un nouvel environnement, un million de choses à apprendre, le souci de faire de son mieux et, bien sûr, les inévitables gaffes. Nous apprenons en faisant des erreurs, puis en essayant de ne pas les répéter.

Un de vos amis vient de débuter comme serveur dans un restaurant. Un jour, vous décidez de lui rendre visite et de voir comment se passe son boulot. Lorsque vous arrivez, vous découvrez votre ami aux prises avec un client mécontent. Qu'a fait votre ami de travers ? (Choisissez parmi les solutions ci-dessous.)

1. Il n'est pas venu à la table après avoir été appelé plusieurs fois.

2. Il s'est trompé en prenant la commande et a apporté le mauvais plat.

3. Il a renversé quelque chose sur les vêtements du client.

4. Il a commencé à desservir avant que le client ait fini de manger.

SOLUTION

Cet ami est votre double psychologique. L'erreur qu'il a commise est enracinée dans la reconnaissance inconsciente que vous avez d'une de vos propres faiblesses, particulièrement dans la façon dont vous répondez aux besoins des autres. Ici, l'erreur que vous l'avez imaginé avoir faite correspond exactement aux problèmes que vous rencontrez dans votre propre vie amoureuse.

1. Il n'est pas venu à la table après avoir été appelé plusieurs fois.

Il vous est difficile de parvenir à vous concentrer et à accorder toute votre attention à votre partenaire. Lorsque vous sortez ensemble, si quelque chose vous intéresse, il vous arrive de vous éloigner de votre partenaire. Peut-être aussi êtes-vous constamment pris en flagrant délit alors que vous regardez là où vous ne devriez pas. Cette absence de concentration peut être interprétée comme un manque d'affection, alors essayez de prêter plus d'attention à ce qui se passe… Allo ? Il y a quelqu'un ?

2. Il s'est trompé en prenant la commande et a apporté le mauvais plat.

Vous êtes un peu léger dans le domaine de la responsabilité personnelle. Cela peut se traduire par une propension à arriver toujours en retard, ou à convier des amis à un dîner prévu initialement en tête-à-tête. Si l'on considère les histoires d'amour comme des contrats entre deux personnes, vous avez commis plus que votre part de violations. Si vous souhaitez que votre vie amoureuse soit plus heureuse, songez un peu plus souvent aux sentiments de votre partenaire avant de prendre une décision.

3. Il a renversé quelque chose sur les vêtements du client.

Vous êtes trop nerveux quand il s'agit de flirter. Vous voulez la perfection et que tout se passe comme sur des roulettes, mais il est difficile pour les autres d'être détendus lorsque vous faites tant d'histoires pour un malheureux détail. Il se peut que, grâce à votre sérieux, vous fassiez bonne impression la première fois, mais il est aisé de voir comment les gens pourraient se lasser facilement de votre haut niveau de stress.

4. Il a commencé à desservir avant que le client ait fini de manger.

Vous avez tendance à aller vite en besogne lorsqu'il s'agit d'amour. Cet empressement peut être charmant au début, mais, au bout d'un moment, l'impression qui se dégage de vous est que vous rongez votre frein. Ralentissez et laissez votre partenaire reprendre son souffle, ou vous pourriez vous retrouver tout seul, avec rien d'autre que du temps à perdre.

APRÈS COUP

Ce n'est pas facile d'inventer une histoire, c'est la corvée de faire le lit dans la chambre d'amis, et patience et pardon sont nécessaires pour se réconcilier après une dispute. Pourtant, le plus dur est parfois d'arriver à se décider. Préparez-vous à prendre une décision, car dans le prochain scénario, c'est ce qui vous sera demandé.

Vous êtes assis dans un restaurant tranquille. Vous parcourez le menu lorsque la serveuse arrive et vous demande si vous êtes prêt à commander. Sans réfléchir, vous commandez un sandwich et un café. Mais dès qu'elle a tourné les talons, vous vous rappelez que ce que vous vouliez, c'était un chocolat chaud, pas un café ! Que faites-vous ensuite ?

1. Vous continuez à regarder le menu en vous disant qu'un chocolat chaud serait tellement bon à boire.

2. Vous jetez un coup d'œil autour de vous pour voir si la serveuse ne va pas revenir.

3. Vous vous levez pour trouver la serveuse et changer votre commande.

4. Vous renoncez et attendez tout simplement votre café.

SOLUTION

D'accord, se tromper quand on passe une commande, ce n'est pas la fin du monde ! Vous aurez probablement oublié tout cela dans une demi-heure. Mais la façon dont vous avez géré votre erreur révèle un aspect plus profond de votre personnalité. Ce que vous avez fait (ou n'avez pas fait) montre comment vous réagissez quand une relation touche à sa fin. Et en particulier combien de temps vous vous languissez d'une relation amoureuse qui a mal tourné.

1. Vous continuez à regarder le menu en vous disant qu'un chocolat chaud serait tellement bon à boire.

Vous êtes du genre à ne pas savoir en rester là. Vous continuez à penser au bon vieux temps et à fantasmer sur le fait qu'un jour, les choses redeviendront comme avant. Il y a de fortes chances pour que cela ne se produise pas. Le spectacle est fini, le rideau déjà tombé. Il est temps de se réveiller et d'humer l'odeur du café.

2. Vous jetez un coup d'œil autour de vous pour voir si la serveuse ne va pas revenir.

Vous n'êtes pas ravi de cette rupture, mais il est hors de question de faire une scène. En un mot, vous vous inquiétez trop de ce que les autres vont penser. Vous êtes plus concerné par ce qui peut être raconté sur le fait que vous ayez été plaqué que par la rupture elle-même. C'est d'ailleurs votre orgueil qui pourrait bien être la raison de cette rupture…

3. Vous vous levez pour trouver la serveuse et changer votre commande.

Vous n'êtes pas du genre à vous embourber dans un deuil romantique et à vous morfondre lorsqu'une histoire s'arrête – surtout parce qu'il est complètement inconcevable que quelque chose de ce genre vous soit arrivé. Votre réaction tient plus du choc que du deuil, et vous ferez tout ce que vous pouvez pour que ce souvenir disparaisse. Que diriez-vous d'un passe-temps pour penser à autre chose ?

4. Vous renoncez et attendez votre café.

Est-ce *Que sera, sera* que l'on entend dans le juke-box ? Autant que ce soit cette mélodie, parce qu'il s'agit de votre chanson. Il vous faut en général une nuit de sommeil pour vous remettre d'une rupture. Une bonne sieste pourrait même suffire. On peut se demander si cette attitude fait de vous un dur à cuire, quelqu'un d'insensible, ou le plus grand optimiste du monde.

LE DOCTEUR VA VOUS VOIR MAINTENANT

Un hôpital signifie différentes choses. Ceux qui s'y rendent pour une maladie non diagnostiquée peuvent considérer l'endroit avec anxiété et peur. En revanche, pour ceux qui en ressortent après s'être remis d'une longue maladie ou après avoir accouché d'un beau bébé en bonne santé, l'hôpital est associé au bonheur et au soulagement. L'hôpital est un monde en lui-même, où la vie et la mort, la tristesse et le bonheur se croisent et se mêlent au quotidien. Et pour les gens qui y travaillent, chaque jour apporte une nouvelle opportunité de soigner le corps, et aussi l'esprit.

Peut-être êtes-vous déjà allé à l'hôpital, ou peut-être est-ce votre première visite. Quelles que soient les circonstances, attention, le docteur va vous voir maintenant.

1. Vous êtes dans le hall d'entrée d'une clinique, et vous attendez qu'on appelle votre nom. Un petit garçon court tout autour de la pièce sans aucune supervision parentale et vous lui conseillez de faire attention et de ralentir. Comment réagit-il ?

2. La porte de la salle d'examen est légèrement entrouverte et vous apercevez une personne blême, vraiment mal en point, en train d'être examinée par le médecin. Vous connaissez cette personne. Qui est-ce ?

3. L'assistante médicale sort et appelle votre nom. Bizarrement, elle ressemble fortement à une personne que vous connaissez. À qui ressemble-t-elle ?

4. Après votre examen, le médecin vous appelle dans son cabinet, mais quand vous entrez il reste assis, le dos tourné, murmurant dans sa barbe en lisant votre dossier. Il n'a pas l'air de vouloir vous expliquer quoi que ce soit. Que faites-vous ?

SOLUTION

L'hôpital est un lieu de maladie et de soins. En vous visualisant dans ce scénario, vous avez tapoté sur les aspects de votre propre psychologie qui se sentent faibles et nécessitent des soins.

1. La réaction du garçon montre ce que vous faites quand d'autres vous critiquent ou remarquent vos erreurs. Vous a-t-il ignoré ? S'est-il arrêté pour s'excuser, ou bien a-t-il tiré la langue comme un enfant gâté ? Vous comprenez maintenant ce que les autres ressentent.

2. La personne que vous avez imaginez comme étant le patient sur la table d'examen est quelqu'un sur qui vous sentez que vous ne pourriez pas compter en cas de crise. Après tout, comment pourrait-elle vous aider si elle a l'air encore plus mal en point que vous ?

3. L'assistante du médecin représente quelqu'un qui a le pouvoir de décider de votre destin. La personne à laquelle elle ressemble est quelqu'un que vous avez toujours admiré, par

crainte ou par respect. Quelle que soit votre force, cette personne se situera toujours au-dessus de vous dans votre esprit. C'est peut-être lié au pouvoir qu'a cette personne de dire : « Maintenant, baissez votre pantalon, penchez-vous en avant, et toussez. »

4. La façon dont vous avez répondu au comportement du médecin montre comment vous réagissez quand on vous tyrannise ou qu'on vous taquine. Certains préfèrent attendre que ça se passe, d'autres exigent une explication, d'autres encore se lèvent et sortent. Qu'avez-vous fait ?

ÉLARGIR SON HORIZON

En période de stress et de frustration, il est normal et naturel d'avoir envie d'abandonner ses problèmes et de laisser le monde derrière soi. Pensez-y. Quand vous aimez quelqu'un qui ne vous aime pas, ou que les choses ne vont pas comme le voulez au travail, quelquefois la solution la plus facile est de s'éloigner le plus loin possible jusqu'à ce que ces frustrations s'évaporent. Partir vous donne la chance de libérer votre esprit et de faire ce que vous avez envie de faire. Mais même si nous aimerions pouvoir tout abandonner et prendre la porte, c'est plus facile d'en rêver que de le faire. C'est peut-être la raison pour laquelle nous nous tournons vers les cieux pour être aidé – nous voulons tous avoir la chance de voler et d'être libre.

1. Vous avez décidé d'effectuer votre premier saut en parachute. Debout au sol, attendant votre tour, vous regardez, dans les airs, les autres tomber en chute libre. Quelles pensées traversent votre esprit ?

2. Votre tour arrive, et vous vous préparez tandis que l'avion monte à dix mille pieds. Sans regarder en arrière, vous vous tenez debout à l'ouverture puis vous vous jetez dans le vide. Que criez-vous en tombant ?

3. Vous avez atterri en toute sécurité et vous ramassez votre parachute quand vous voyez un instructeur s'approcher de vous et vous appeler. Que vous dit-il ?

SOLUTION

Avez-vous pris plaisir à votre petite marche dans les nuages? La poussée d'adrénaline d'une aventure en chute libre s'apparente aux frissons physiques d'un différent type – les frissons de l'amour. Les choses que vous avez dites sur votre expérience de vol en parachute décrivent en réalité votre approche à l'égard de l'acte d'amour.

1. Ce que vous ressentiez tandis que vous attendiez votre tour fournit une mesure du degré de votre propre désir sexuel.

«Ça va être drôle. Je ne peux pas attendre!» Quelquefois tout semble parfait.

«Je ne sais pas si j'irai jusqu'au bout.» Si vous n'êtes pas sûr d'être prêt, contentez-vous d'une conversation tranquille et d'un calin au coin du feu.

2. Les mots que vous avez criés en descendant sont ceux que vous diriez à l'apogée de votre excitation.

« Ouah ! Mais regarde donc cette vue ! » L'intrusion dans votre intimité vous importe peu, mais commencez par demander l'avis de votre partenaire.

« Peut-être que ce n'était pas une si bonne idée que ça, après tout ! » Il existe ce qu'on appelle le point de non-retour.

« Je veux ma maman ! » Hum, disons simplement que vous avez quelques problèmes kokologiques à travailler...

3. Les mots prononcés par l'instructeur sont ceux que vous imaginez que votre partenaire pourrait dire après l'acte sexuel.

« Pas mal pour un débutant. Ne t'inquiète pas, tu vas t'améliorer en t'exerçant. »

« Oh, je suis vraiment désolé, j'ai laissé le bouchon d'objectif sur l'appareil-photo. On remet ça ? »

« Bon, eh bien je crois que tout est dit. Maintenant, ce sera en liquide, par chèque, ou par carte de crédit ? »

LE MONDE ENTIER EST UNE SCÈNE DE THÉÂTRE

La vie est souvent comparée à une pièce de théâtre – et c'est une comparaison facile à faire. Les entrées et les sorties des personnages, le suspense quand chaque jour se déroule, les mots que nous entendons prononcer et les scènes jouées : on pourrait dire que nous vivons chaque jour sur une scène. Il y a même des genres à ces histoires : les comédies de bureau et les séries spéciales d'après-classe, parfois même un mystère ou une histoire d'amour. Et la star de chaque épisode quotidien... c'est vous ! C'est ce qui rend le drame de la vie si fascinant et varié à l'infini – chaque personnage de la distribution dans chaque scène, chaque figurant dans la rue est la star de sa propre histoire dans une intrigue qui, chaque jour qui passe, devient de plus en plus complexe. Même le plus simple des échanges entre deux personnes peut avoir des complications infinies tandis que le drame se joue. C'est peut-être pour cela que, malgré les éternels mêmes personnages et répliques, nous semblons n'en avoir jamais assez. Dans le prochain scénario, le rideau est

Achevé d'imprimer en mai 2008
sur les presses de Normandie Roto Impression s.a.s.
à Lonrai (Orne)
pour le compte des Éditions Payot & Rivages
106, bd Saint-Germain – 75006 Paris
N° d'imprimeur : 08-1637
Dépôt légal : mai 2008

Imprimé en France

Appel nocturne 89
Observation de baleines 91
Faire tourner un ballon sur le museau 94
Planter des graines 97
Les fraises volées 101
Surpris par la pluie 106
Emporté par la brise 110
Le strict nécessaire 113
Odeur de poisson 116
Bienvenue dans mon parloir 118
Vous êtes juge 121
Chuchotements dans l'obscurité 124
La grande éruption 127
S'établir à son compte 131
Avant qu'ils ne sortent de leur coquille 135
Lessive à l'ancienne 138
Comme un singe dans sa cage 142
Le plus grand des mystères 145
Une véritable aventure 148
Monstre 153
Le labyrinthe 156
Vide à l'intérieur 161
Cercle, triangle, carré 165
Le psy, c'est vous 168
Prêt à la bagarre 172
Jugé sur sa couverture 176
Attrapé ! 180
Au volant 182
Impossible d'attendre 186
Après coup 190
Le docteur va vous voir maintenant 194
Élargir son horizon 198
Le monde entier est une scène de théâtre 202

TABLE

L'équipe du projet kokologie 8
Un mot du professeur Saito 9
Comment jouer ? 13

Voyage dans le désert 19
L'oiseau bleu 23
Une soirée au concert 26
Le jour de votre anniversaire... 29
Au musée 32
Loin dans les montagnes 35
Le portefeuille oublié 40
Manteau bleu, manteau jaune 42
Écrit dans les étoiles 44
Souvenirs sucrés 47
Un tour de montagnes russes mémorable 52
Personne n'est parfait 56
Abracadabra 59
Dans les pages d'un magazine 64
Sous un beau ciel bleu 68
Dans les profondeurs 71
Dans le sac 76
Une histoire de Cendrillon 80
Et ils (ne) vécurent (pas si) heureux... 84
Monde sauvage 87

4. Les mots que vous dites au théâtre déserté sont ceux que vous vous imaginez en train de prononcer à la fin de votre vie. Reconnaissez-vous certaines de ces phrases ?

« Ouf ! C'est fini ! J'ai besoin d'un verre. » Un sentiment compréhensible, mais il n'y a pas de bars là où vous allez.

« Je n'aurais jamais pu y arriver sans les petites gens. » C'est bien de se souvenir de ceux qui nous ont aidés sur notre chemin.

« Ce n'était pas si mal. » Peut-être est-ce la meilleure phrase que tout un chacun peut espérer prononcer à ce moment-là.

« Prends garde à toi, le monde, c'est moi que voilà. » Où allez-vous exactement ?

une idée de ce que vous imaginez pouvoir ressentir en repensant à la vie que vous avez vécue lorsque vous serez plus âgé. Votre réponse était-elle encourageante, du style : « Bien ! Continue ce bon travail ! » Ou y avait-il une mise en garde : « Ne te prends pas trop au sérieux. Une bonne représentation ne te transformera pas en star. Tu as encore du chemin à faire avant de percer. »

3. Le metteur en scène observe tous les aspects de votre prestation avec un œil froid et objectif. Son insatisfaction a été causée par une faiblesse que vous reconnaissez inconsciemment en vous. Le défaut dans votre prestation représente le domaine dans lequel vous êtes le plus à même de faire des erreurs à l'avenir.

S'il a dit que votre personnage se perdait dans le décor, vous avez peut-être besoin d'apprendre à mieux vous défendre dans la vie. Qui est la star de ce spectacle, d'ailleurs ?

D'un autre côté, s'il vous a dit que vous monopolisiez la scène, vous pourriez peut-être essayer de vous modérer un peu plus. Personne n'aime les cabotins.

S'il vous a dit que le minutage de votre débit n'était pas parfait, prenez garde à ne pas manquer les opportunités lorsqu'elles se présentent. Dans la vraie vie, on n'a jamais l'occasion de jouer deux fois la même scène.

Et s'il a dit que vous n'étiez pas excitant à regarder, vous devriez essayer de vous égayer un peu. Si vous ne parvenez même pas à rester assis pendant votre propre représentation, pensez à ce que cela doit être pour les autres.

SOLUTION

Le théâtre représente un monde d'imagination que vous créez pour vous-même. Vos réponses à ce jeu révèlent ce que l'avenir vous réserve.

1. Le type de pièce que vous vouliez jouer correspond à votre avenir. Avez-vous vu un mélodrame, une tragédie, ou une comédie tarte à la crème ? Votre grande scène révèle ce que, selon vos prédictions, sera le tournant de votre vie. S'il s'agit d'une scène d'amour, il y a peut-être un premier rôle romantique prêt à changer votre vie. Était-ce une scène de séparation avec des amis, une scène de rencontre avec de nouvelles personnes, ou une dispute échevelée ? Toutes ces réponses pourraient être autant de signaux vous incitant à prendre place au centre de la scène et à jouer votre meilleure représentation.

2. L'image que vous avez de votre rival reflète la manière dont votre moi futur pourrait réagir s'il était confronté à la personne que vous êtes aujourd'hui. Les mots de votre rival donnent

levé, le public attend, et les projecteurs sont braqués sur vous.

1. Vous appartenez à une troupe de théâtre. Dans quel genre de pièce voulez-vous le plus jouer ? Dans cette pièce, quelle est votre grande scène ? Donnez les détails.

2. Vous auditionnez pour le rôle et vous êtes choisi parmi tous vos collègues pour jouer le rôle titre. Que vous dit votre principal rival sur le fait qu'il n'a pas été choisi ?

3. À la dernière répétition en costumes avant la première, vous voyez le directeur assis les bras croisés sur la poitrine. Il n'a pas l'air satisfait de votre prestation. Que n'a-t-il pas aimé ?

4. La représentation se passe sans un accroc, et la pièce a été un grand succès. Le public est reparti content après les bis, et le théâtre est tranquille. Que dites-vous à la salle vide, debout sur la scène plongée dans l'obscurité ?